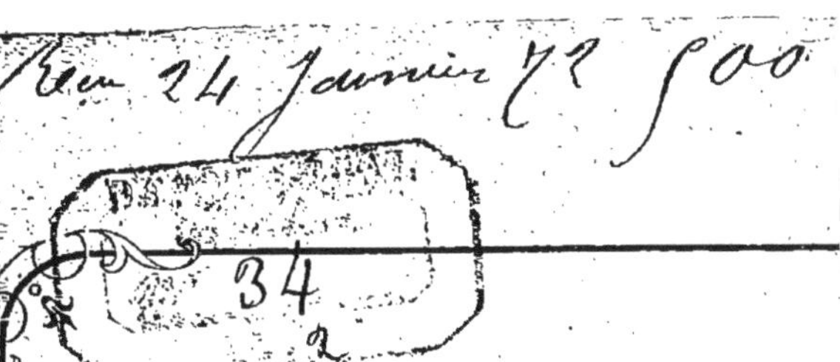

SCIENCE NOUVELLE

ACOUSTIQUE MUSICALE

AU POINT DE VUE DE L'ART

CONTENANT

LES ÉLÉMENTS DE LA MUSIQUE OU PLASTIQUE DE L'OUÏE
D'APRÈS LES CAPACITÉS ESTHÉTIQUES DE L'OUÏE

PAR

J. LESFAURIS

> Les systèmes de musique ne sont que des manifestations plus ou moins satisfaisantes des capacités esthétiques de l'ouïe

Deuxième édition, remaniée en entier

PRIX : 2 FR.

PARIS
E. DENTU, LIBRAIRE
galerie d'Orléans, 17 et 19

BORDEAUX
FÉRET & FILS, LIBRAIRES
cours de l'Intendance, 15

1872

ACOUSTIQUE MUSICALE

AU POINT DE VUE DE L'ART

SCIENCE NOUVELLE

ACOUSTIQUE MUSICALE

AU POINT DE VUE DE L'ART

CONTENANT

LES ÉLÉMENTS DE LA MUSIQUE OU PLASTIQUE DE L'OUÏE
D'APRÈS LES CAPACITÉS ESTHÉTIQUES DE L'OUÏE

PAR

J. LESFAURIS

> Les systèmes de musique ne sont que des manifestations plus ou moins satisfaisantes des capacités esthétiques de l'ouïe.

Deuxième édition, remaniée en entier

PARIS
E. DENTU, LIBRAIRE
galerie d'Orléans, 17 et 19

BORDEAUX
FÉRET & FILS, LIBRAIRES
cours de l'Intendance, 15

1872

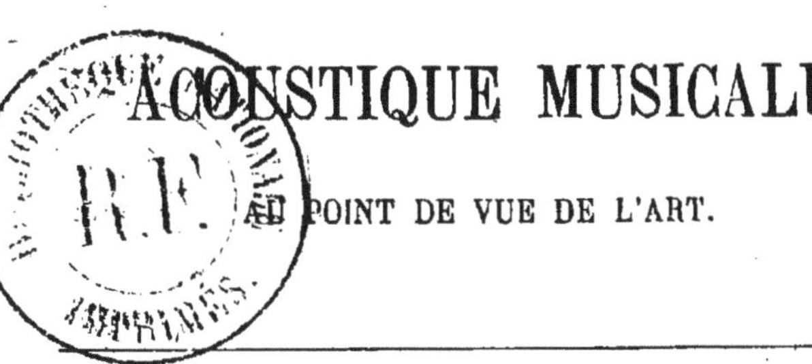

ACOUSTIQUE MUSICALE

AU POINT DE VUE DE L'ART.

INTRODUCTION A L'ACOUSTIQUE MUSICALE.

L'acoustique est la science du son ; mais la science s'occupe du son à divers points de vue. Ainsi, le physicien s'occupe du son musical et non musical dans ses rapports avec les lois de la physique ; le médecin, par l'auscultation et la percussion, s'occupe du son dans ses rapports avec la santé et la maladie, etc., etc. L'acoustique musicale, science nouvelle, s'occupe exclusivement du son musical dans ses rapports avec l'art et le beau.

Elle repose sur ce que l'ouïe découvre d'invariable, de nécessaire dans le son musical, c'est-à-dire sur les capacités esthétiques de l'ouïe.

— De la simple analyse de ce que l'ouïe perçoit dans le son musical au point de vue de l'*art*, surgit une science immense, science à créer, embrassant l'art musical tout entier : musique, instruments de musique, local propre à la musique; science nouvelle, dont l'acoustique musicale contient les éléments (¹).

Il doit paraître étonnant d'annoncer une science nouvelle, immense, après les travaux importants existant en acoustique; mais l'étonnement disparaît dès qu'on réfléchit que les physiciens, si éminents qu'ils soient, n'ont pu s'occuper du son musical qu'au point de vue de la physique, avec les données de la physique, données d'un autre ordre que les données de l'esthétique.

Les traités de physique contiennent, il est vrai, une théorie physico-musicale de la gamme; mais cette théorie, introduite empiriquement dans les traités, n'est pas sérieuse, rien n'en démontre la nécessité; bien mieux, la gamme sur laquelle elle repose n'est pas la gamme du système moderne (V. chap. Ier, les *Éléments du système moderne*). Il n'y a, du reste, qu'à citer l'un des traités de physique les plus répandus, pour se convaincre bien

(¹) Sur l'analyse de ce que l'ouïe perçoit d'invariable, de nécessaire dans le son musical expressif (dont nous nous occuperons dans un autre travail, afin qu'on ne puisse confondre, comme on le fait trop souvent, les éléments de l'art avec les éléments du beau), reposera la science contenant les éléments du beau en musique.

On le voit, l'acoustique musicale, science nouvelle, est, en réalité, l'esthétique. Nous l'appelons *acoustique musicale,* parce que les éléments de l'art et du beau reposent sur le sens de l'ouïe, sur ce que l'ouïe découvre d'invariable dans un son spécial, le son musical, exclusivement employé par l'art.

vite que les données de la physique sont insuffisantes pour établir scientifiquement une théorie physico-musicale [1] quelconque; la nature des choses s'y oppose.

« L'acoustique, dit M. Pouillet, a pour objet de déterminer les lois suivant lesquelles le son se produit dans les corps et se transmet ensuite jusqu'à nos organes. Cette science est du ressort de la physique, parce que les corps, tandis qu'ils retentissent et qu'ils produisent du bruit ou du son, éprouvent dans leur masse des modifications remarquables tout à fait indépendantes des forces physiques qui les constituent. Nous verrons qu'ils sont ébranlés, etc., etc.

» Pour prendre une première idée du nombre et de la variété des phénomènes que l'acoustique embrasse, il suffit, etc., etc. — Ainsi, l'acoustique prend le son à sa naissance; elle constate, pour ainsi dire, le mouvement de toutes les molécules du corps qui les produit; elle montre comment il se communique à l'air, comment il en traverse la masse, et comment il vient, enfin, ébranler les membranes extérieures de notre organe. Là, la science est à son terme; dès que le nerf acoustique est frappé, il n'y a plus de traces perceptibles de modifications matérielles, et par conséquent plus de phénomènes physiques.

[1] Ne pas confondre la théorie physico-*musicale* avec la théorie physico-*instrumentale*. (V. à ce sujet chap. IX, § 2.)

» Ces notions générales font assez voir en quoi l'acoustique diffère de la musique : la première de ces sciences considère le son *hors de nous,* et des sensations qu'il peut produire ; la seconde le considère en nous, dans les émotions qu'il peut faire naître, dans le sentiment ou dans les passions qu'il peut exciter ou modifier. » (Pouillet, t. II, p. 48, 4e édition.)

Seulement, il y a ici confusion de la part de l'éminent physicien ; à la place du mot *musique*, lisez *acoustique musicale*, et ajoutez : la première de ces sciences considère le son *hors de nous* et des sensations qu'il peut produire ; la seconde considère le son *en nous*, dans la sensation produite, puisqu'elle repose sur ce que l'ouïe perçoit dans le son musical.

L'acoustique musicale, science nouvelle, commence donc au point précis où s'arrête l'acoustique des traités de physique, c'est-à-dire dès que le nerf acoustique est frappé ; elle repose sur les capacités esthétiques de l'ouïe, qu'il fallait découvrir. Si ces capacités n'existaient pas, comment la musique pourrait-elle faire naître les émotions, les sentiments, exciter ou modifier les passions ?

CHAPITRE A.

Définition du son musical d'après les capacités esthétiques de l'ouïe.

Le premier soin de l'acoustique musicale est évidemment d'expliquer en quoi le son musical diffère des bruits et sons divers.

Le son est musical, quel que soit le mode de production, dès que l'ouïe peut suffisamment apprécier son degré d'acuité ou de gravité (intonation), pour le classer sur une échelle de sons. A mesure que l'intonation est moins appréciable pour l'ouïe, le son perd sa qualité musicale et se rapproche des bruits et des sons vulgaires.

Des chocs identiques suffisent pour permettre à l'ouïe d'apprécier le degré d'acuité ou de gravité, dès que ces chocs ont un degré de vitesse convenable pour se transformer en un son unique, une sensation unique, absolument comme une suite de points très rapprochés se transforment pour l'œil en une ligne. Cette sensation composée et nouvelle, qui résulte des sensations élémentaires qu'on ne peut plus distinguer les unes des autres, permet à l'ouïe d'apprécier le degré d'acuité ou de gravité du son.

S'agit-il du son musical produit par des tuyaux, l'air en mouvement avec un degré de vitesse convenable, rencontrant un orifice étroit, produit le son musical.

Les divers autres modes de production du son musical, par des cordes pincées, des tiges, des archets, des anches, des embouchures, la percussion, etc., rentrent pour ainsi dire dans les deux exemples qui précèdent, en ce sens que c'est toujours un corps en mouvement dans l'air (nous n'avons pas à nous occuper des autres milieux susceptibles de produire le son musical), qui produit le son musical ou bien l'air lui-même en mouvement.

Le mouvement est répandu dans la nature, c'est la vie de *ce qui est;* et bien que tout mouvement matériel n'apporte pas un son à l'oreille, partout où il y a un son produit, il y a nécessairement mouvement : le son n'est donc autre chose que le *mouvement perçu par l'ouïe* (1). Le sens de l'ouïe

(1) La roue dentée de Savart en fournit la preuve matérielle : des chocs identiques (mouvements identiques produisant des sensations identiques), dans un degré de vitesse convenable, se transforment en une sensation unique (mouvement unique) : c'est le son musical.

Mais ce que l'illustre Savart n'a pas vu, c'est qu'avant de se transformer en son musical, les chocs de la roue dentée se transforment en *mouvement musical,* c'est-à-dire en mouvement appréciable par l'ouïe, suffisamment pour le classer sur une échelle de mouvements : moderato, andante, allegro, etc., etc. C'est la base de ma théorie du métronome.

ne perçoit ni les corps, ni la forme, ni la couleur, etc., etc.; il faut pourtant bien que ce sens perçoive quelque chose de sensible, et ce quelque chose, c'est le mouvement; et lorsque le mouvement se produit dans certaines conditions, le son est musical.

Ces conditions, nous l'avons vu, s'il s'agit de chocs, il faut qu'ils soient identiques et assez rapides pour ne produire qu'une sensation unique, continue. S'agit-il de tuyaux, la forme est nécessaire pour que le son produit soit la résultante de toutes les parties du tuyau. En dehors de ces conditions, le son pourrait, à la rigueur, être à peu près musical, mais de qualité inférieure, si j'ose m'exprimer ainsi, se rapprochant plus ou moins des bruits et des sons vulgaires.

La corde pincée nous offre du reste un exemple réunissant les deux conditions d'identité et de forme : en effet, par ses vibrations, la corde choquant l'air à droite et à gauche du point de tension, imprime pour ainsi dire à chaque choc (oscillation) sa forme dans l'air, et le son musical surgit ici des vibrations (chocs rapides et identiques), et ces vibrations sont produites par un corps ayant une forme.

CHAPITRE II.

Définition de l'intervalle musical d'après les capacités esthétiques de l'ouïe.

Nous avons vu que le son est musical dès que l'oreille peut suffisamment en apprécier l'acuité ou la gravité, pour le classer dans une échelle de sons.

S'il y a deux sons produits simultanément ou successivement, l'ouïe perçoit, sans s'en douter [1], trois choses : l'acuité ou intonation de chacun des deux sons, et la différence; cette différence est ce qu'on nomme *intervalle* en musique; et, par exemple, toutes choses égales d'ailleurs, deux sons faisant dans le même temps un nombre de vibrations représenté par 1 et 2 sont à l'intervalle d'octave; deux vibrations contre trois produisent l'intervalle de quinte; trois vibrations contre quatre, l'intervalle de quarte; quatre contre cinq, l'intervalle de tierce majeure, etc., etc.

[1] Si les capacités esthétiques de l'ouïe sont développées et suffisamment exercées, vous êtes aptes à observer, vérifier ce phénomène psychologique; si elles ne sont pas exercées, vous percevez trois choses sans vous en douter.

L'intervalle musical n'est tout bonnement qu'un rapport numérique perçu par l'ouïe; et comme le rapport numérique perçu par l'ouïe est en même temps sous nos yeux, il sera facile de constater si la convenance ou disconvenance des sons dépend réellement de la simplicité des rapports.

Les mots *intervalle* et *rapport* sont synonymes et désignent la même chose perçue par deux sens; le rapport numérique perçu par le sens de l'ouïe s'appelle intervalle; le même rapport sous nos yeux s'appelle tout uniment rapport.

L'intervalle étant la base de l'acoustique musicale, il est très-important de s'en faire une idée exacte, et, par exemple, ne jamais oublier que dans les sons musicaux, il y a un côté variable à l'infini et un côté invariable; le côté invariable des sons c'est l'intervalle. En effet, partout et toujours, toutes choses égales d'ailleurs, deux sons dont les vibrations, par exemple, sont dans les rapports de 1 à 2, 2 à 4, 4 à 8, 8 à 16, etc., etc., sont à l'intervalle d'octave. Toutes ces octaves répétant la même chose à un degré de plus en plus aigu de l'échelle, il en résulte que l'acuité absolue des sons varie; elle va en augmentant vers l'aigu, mais le rapport reste invariablement le même pour l'oreille entre 1 à 2, 2 à 4, 4 à 8, etc., etc.

C'est donc l'élément invariable des sons musicaux, c'est-à-dire l'intervalle, qui est la base rationnelle, logique de la science du son musical, et non l'acuité absolue variable à l'infini ; car, Platon l'a dit, la science repose sur l'invariable des choses, il n'y a pas de science de ce qui passe; aussi la théorie de la gamme contenue dans les traités de physique ne saurait-elle être sérieuse, elle repose sur le côté variable des choses, je veux dire l'acuité absolue des sons.

D'ailleurs, le son musical, considéré isolément, n'a pas de valeur, de signification pour l'art; c'est par la comparaison, le rapport, ou plus exactement sa relation avec d'autres sons qu'il intéresse l'art. Chacun comprend, en effet, qu'avec des sons isolés et sans relation, il n'y aurait pas de musique possible.

CHAPITRE C.

Décomposition du son musical d'après les capacités esthétiques de l'ouïe.

Cette découverte pourtant bien simple, que l'intervalle musical est l'élément invariable et conséquemment scientifique du son musical, va nous permettre de tirer d'un phénomène observé par les physiciens, les conséquences importantes qui s'y trouvent.

Les physiciens ont constaté qu'une corde, convenablement disposée, produit simultanément un son fondamental, c'est le plus grave, et d'autres sons très faibles dits harmoniques à l'octave, douzième, double octave, et dix-septième du son principal; c'est-à-dire que dans le même temps ils font 1, 2, 3, 4, 5 vibrations.

Nous avons vu, dans le chapitre précédent, que le son qui fait une vibration pendant que l'autre en fait deux, est à l'intervalle d'octave; celui qui en fait deux contre trois, est à l'intervalle de quinte; trois contre quatre, c'est l'intervalle de quarte; quatre contre cinq, l'intervalle de tierce majeure.

L'oreille perçoit ainsi, d'après les physiciens, les quatre intervalles d'octave, quinte, quarte, tierce majeure, directement produits dans l'expérience. Ces intervalles dans les rapports les plus simples avec le son fondamental, représenté par les chiffres 1, 2, 4 (2 et 4 n'étant que la répétition du son fondamental à un degré plus aigu de l'échelle), se fondent dans une harmonieuse unité.

D'autres intervalles de plus en plus petits sont probablements produits confusément, et dès lors inappréciables directement par l'ouïe. Voulons-nous connaître ces intervalles, rien n'est plus aisé, nous n'avons qu'à compléter les indications des physiciens et décomposer la quinte [1] en deux tierces majeure et mineure (rapport 4 à 5 et 5 à 6).

L'intervalle de tierce majeure, en deux secondes; l'intervalle de seconde, en deux demi-tons; l'intervalle de demi-ton en deux quarts de tons, etc., et nous aurons la série suivante d'intervalles :

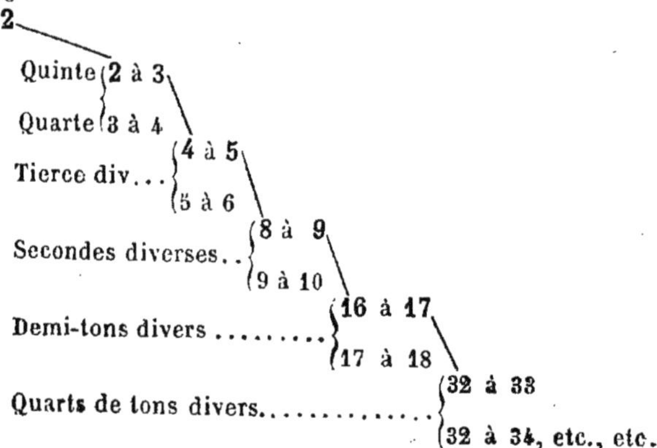

[1] La quarte n'est que le renversement de la quinte, c'est donc la quinte qu'il faut décomposer; du reste le rapport 4 à 5 produit directement dans l'expérience le prouve surabondamment.

Série provenant de la décomposition du rayon sonore dans *l'unité :* 2, 4, 8, 16, 32, n'étant que les octaves, c'est-à-dire les redoublements du son fondamental, que nous supposons faire un nombre de vibrations représenté par 1 (unité, c'est à la fois identité et variété) [1], et conséquemment simplicité de rapports.

Et cette série, tous les rapports étant contenus entre 1 et 2, contient nécessairement les éléments, c'est-à-dire les intervalles de tous les systèmes de musique, anciens ou modernes, à moins de supposer l'absurde, je veux dire des systèmes de musique avec des sons pris au hasard et sans relation.

[1] Identité : 1, 2, 4, 8, 16, 32, c'est le même son avec un nombre de vibrations double, etc.
Variété : — 3, 5, 9, 17, 33, rapports variés, c'est à dire de plus en plus petits, avec le son fondamental représenté par 1, 2, 4, 8, 16, etc.

CHAPITRE D.

Convenance et disconvenance des sons d'aprés les capacités esthétiques de l'ouïe.

D'après la décomposition du rayon sonore, le son musical peut être considéré comme la résultante d'une infinité de sons dits harmoniques; ou bien encore peut-on considérer les harmoniques comme engendrés par le son principal. Toujours est-il que les harmoniques forment en quelque sorte une famille de sons dans des rapports invariables avec le son principal.

Rapports de deux espèces : les uns *consonnants*, puisqu'ils sont produits simultanément avec le son fondamental, ils sonnent avec lui et se fondent dans une harmonieuse unité; ce sont les rapports simples 1, 2, 3, 4, 5 (intervalles d'octave, quinte, quarte, double octave et tierce majeure).

Les autres *non consonnants*, comme 8 à 9, 16 à 17, etc., etc., puisqu'ils ne sonnent pas avec le son fondamental.

L'intervalle musical, avons-nous dit, chapitre B, est un rapport perçu par l'ouïe. Ici, nous ajoutons que ’ouïe ne perçoit pas, si le rapport est simple ou plus ou moins composé, mais s'il est consonnant ou non consonnant. L'intervalle consonnant produit sur l'ouïe une impression de *repos* plus ou moins complet. L'intervalle non consonnant, appelé dissonnant, produit une impression de *non-repos;* l'ouïe exige, attend une suite.

L'intervalle consonnant produit l'impression de repos, pourquoi? Parce qu'il concourt à la formation du son fondamental, il sonne avec lui (1); il est conséquemment dans l'union la plus intime avec le son fondamental; il y a à la fois simplicité de rapport et consonnance.

L'intervalle non consonnant est aussi dans des rapports simples avec le son fondamental, mais l'un des termes du rapport est consonnant, l'autre ne l'est pas; l'oreille n'est pas satisfaite, elle désire une union plus intime; de là l'impression de non-repos. Ces impressions de repos et de mouvement, ou non-repos (convenance et disconvenance des sons), sont la condition essentielle de l'art. L'intervalle dissonnant n'est pas, comme le mot pourrait le faire supposer, désagréable, ni moins utile que l'intervalle consonnant; le dissonnant fait valoir et désirer le consonnant; sans les intervalles dissonnants, l'attraction des sons n'existerait pas. Cette

(1) Pourquoi sonne-t-il avec le son fondamental? La réponse exigerait des explications se rattachant à la forme du corps sonore, et nous n'avons à nous occuper ici que du son musical *en nous* par rapport à nous.

attraction et répulsion (convenance et disconvenance) fait le charme de l'ouïe.

Au contraire, l'intervalle faux, qu'il ne faut pas confondre avec l'intervalle dissonnant, produit une impression désagréable qui blesse l'oreille ; il n'est ni consonnant, ni dissonnant, il est faux. Pourquoi ? Il est faux, non parce que le rapport est plus ou moins composé, mais parce qu'il n'y a pas de rapport pour l'ouïe, ou bien que les rapports sont faux ; nous avons vu, en effet, qu'une corde étant donnée produit un son fondamental X et ses harmoniques. C'est, en quelque sorte, une famille de sons dans des rapports invariables, non seulement avec le son fondamental, mais les membres de la famille sont aussi entre eux dans des rapports invariables.

En dehors des rapports dans ces conditions, il n'y a que des rapports faux pour l'ouïe, rapports par conséquent qui blessent l'ouïe.

— La relation merveilleuse des sons (convenance et disconvenance des sons) est antérieure et supérieure aux systèmes de musique, car elle a sa raison d'être *en nous* dans les capacités esthétiques de l'ouïe, capacités plus ou moins développées individuellement, mais existant en germe chez tous les hommes, différemment la musique n'aurait pas de raison d'être. Comment, en effet, nous l'avons déjà dit, les sons pourraient-ils faire naître les sensations, exciter ou modifier les sentiments, comme dit M. Pouillet, au passage cité de son *Traité de physique*, si l'ouïe n'avait pas la capacité d'apprécier la convenance et disconvenance des sons?

Cette capacité en germe chez tous les hommes étant suffisamment fécondée par l'exercice, le travail (V. chap. VII), on est apte à la manifester avec plus ou moins de génie, d'imagination; et c'est nécessairement l'exception qui est dans ces conditions, bien que la capacité d'être impressionné par la relation des sons soit universelle; universelle, à la condition toutefois de ne point limiter le mot *relation* à tel ou tel système de musique, mais à la musique ou plastique de l'ouïe, c'est-à-dire à toute relation perçue par l'ouïe, soit au point de vue de la durée des sons ou de l'intonation, dans la musique qui s'écrit avec des signes spéciaux, comme dans la musique qui n'a pas de signes spéciaux, musique des vers, de la prose, etc., etc.

A ce compte, à moins d'être sourd ou d'une nature réellement inférieure, il n'est guère possible d'admettre l'incapacité absolue de l'ouïe, d'être impressionné par la relation des sons, alors que même les animaux, nous l'expliquerons plus loin, sont impressionnés par le rythme musical.

CHAPITRE E.

Résumé de l'acoustique musicale au point de vue de l'art.

L'acoustique musicale, science du son musical, contenant les éléments de la musique ou plastique de l'ouïe, se réduit aux quatre chapitres qui précèdent.

Chapitre A, nous distinguons le son musical des sons et bruits divers : le son est musical dès que l'ouïe peut suffisamment apprécier son degré d'acuité ou de gravité (intonation) pour le classer sur une échelle de sons.

Mais qu'est-ce que le son? Le son, c'est le mouvement perçu par l'ouïe. Le mouvement se produit-il dans certaines conditions (nombre de vibrations ou chocs dans la seconde), le son est musical, c'est-à-dire appréciable par l'ouïe, et conséquemment comparable.

L'acuité des sons (intonation des sons) variant à l'infini, comment est-il possible, à moins d'être exceptionnellement doué, de comparer les sons si nombreux produits par les instruments de l'orchestre et la voix? L'acuité absolue des sons varie en effet à l'infini, mais l'acuité relative, c'est-à-dire le rapport des sons étant invariablement le même à toutes les octaves, la comparaison des sons se trouve en réalité circonscrite aux intervalles d'une octave (rapport 1 à 2).

Au chapitre B, nous avons dit, après beaucoup d'autres, que l'intervalle musical est un rapport, nous avons ajouté *perçu par l'ouïe;* l'ouïe ne comprend pas le rapport; elle fait mieux, elle le *sent;* et nous avons découvert une chose bien simple, c'est que l'intervalle *(rapport des sons)* est l'élément invariable et conséquemment scientifique du son musical.

Cette découverte nous a donné l'idée de rechercher les intervalles primitifs ayant engendré tous les autres intervalles, et nous avons constaté ces intervalles primitifs dans le rayon sonore. Les intervalles primitifs ou élémentaires sont au nombre de trois : l'octave, la quarte et la quinte (rapports : 1 à 2 à 3 à 4); au fond, il n'y a vraiment qu'un intervalle primitif : c'est l'intervalle d'octave qui, décomposé, engendre les deux intervalles de quarte et de quinte; puis la quinte engendre tous les autres intervalles. (V. la décomposition du rayon sonore, chapitre C)

Chapitre D, nous expliquons la capacité de l'ouïe d'apprécier la convenance et disconvenance des sons (en termes de l'art : consonnance et dissonnance), qui se traduit, pour le sens de l'ouïe, en une impression de *repos* et *non-repos*. La cause de cette impression de repos et non-repos est dans ce fait, que les intervalles consonnants sont dans des rapports plus intimes avec le son fondamental que les intervalles dissonnants; l'oreille attend, exige une suite après ceux-ci.

Les quatre chapitres qui précèdent résument l'acoustique musicale, science du son musical au point de vue de l'art, reposant sur ce que l'ouïe perçoit d'invariable dans le son musical, c'est-à-dire reposant sur les capacités esthétiques de l'ouïe; mais pour réduire ainsi l'acoustique musicale à ce que l'ouïe perçoit dans le son musical; pour créer une science vraiment nouvelle (¹) après les travaux

(¹) Mon travail à l'impression (1re édition), un ami m'adresse la note suivante, copiée textuellement dans un article de M. A. Laugel sur les travaux récents de M. Helmholtz, professeur de l'Université de Heidelberg (*Revue des Deux-Mondes*, 1er mai 1867).

« Le plus étrange, c'est qu'aucun trait d'union n'avait été » jeté entre l'acoustique et la musique; la science restait sté- » rile; l'art n'obéissait qu'aux impulsions d'une esthétique » instinctive. Quelques grands esprits, Pythagore, Képler, » Euler, Rousseau, d'Alembert, avaient sans doute deviné entre » ces choses une secrète parenté; mais ces vagues intuitions » n'avaient jamais abouti à des lois. Les plus savants traités » d'harmonie ne sont que la collection des règles empiriques » consacrées par l'expérience des siècles.

» Aujourd'hui, tous les phénomènes, jusque-là décousus, » viennent de prendre place dans une admirable synthèse. Le » professeur de Heidelberg, etc., etc. »

Je place ici cette note uniquement pour constater, par le

importants des hommes de génie qui se sont occupés d'acoustique, il fallait découvrir, non pas une planète dans l'espace, mais tout près de nous, en nous, il fallait découvrir les capacités esthétiques de l'ouïe antérieures et supérieures aux systèmes de musique, capacités qui se réduisent : 1° à percevoir le rapport des sons; 2° à juger, je veux dire *sentir* la convenance et disconvenance des sons (1), la relation des sons.

Capacités soupçonnées par Euler et d'autres savants illustres. Capacités inexplicables, incompréhensibles suivant d'Alembert. « N'imitons pas, » dit d'Alembert, ces musiciens qui, se croyant » géomètres, ou les géomètres qui, se croyant musiciens, entassent dans leurs écrits chiffres sur » chiffres, s'imaginant peut-être que cet appareil » est nécessaire à l'art...; en vain entasseraient-ils » hypothèses sur hypothèses pour expliquer pour» quoi certains accords nous plaisent (2) plus que

témoignage d'un physicien éminent, que l'acoustique correspondant à la musique était réellement une science à créer, malgré les travaux nombreux existant en acoustique.

(1) Nous ne parlons ici que des capacités au point de vue de l'art. Nous verrons, en nous occupant du son expressif, des capacités d'un autre ordre.

(2) Certains accords ne plaisent pas plus les uns que les autres; ils sont consonnants ou dissonnants. Les accords dissonnants appellent et font plus vivement désirer les consonnants. Quant à nous plaire plus ou moins, tout dépend de la manière de s'en servir, absolument comme pour les mots du dictionnaire. (V. du reste chapitre D à ce sujet.)

» d'autres, en creusant ces hypothèses ils en recon-
» naîtront bientôt le faible.... »

L'explication impossible, suivant l'illustre géomètre, est pourtant toute simple. Le son musical n'est pas un son ou bruit ordinaire : c'est un son spécial, faisant un nombre de chocs ou vibrations dans la seconde, et produisant une sensation spéciale, composée de sensations élémentaires qu'on ne peut plus compter; la roue dentée de Savart met le fait en pleine évidence; sensation composée et nouvelle qui permet à l'ouïe d'apprécier le degré d'acuité ou de gravité du son, de le distinguer d'un autre son musical faisant plus ou moins de vibrations dans la seconde, toutes choses égales d'ailleurs. Cette sensation composée et nouvelle est une sensation intelligente par elle-même, par sa nature, c'est une *capacité*.

Capacité de comparer les sons entre eux, de juger, je veux dire *sentir* leur convenance et disconvenance; capacité qui se traduit par l'impression de repos et non-repos de l'ouïe; l'oreille n'est pas satisfaite, elle est en suspens, elle exige une suite.

Nous n'avons assurément pas la prétention d'expliquer le comment de la sensation; c'est un fait premier, par conséquent inexplicable; nous expliquons le pourquoi de la sensation musicale, dans les faits, sous nos yeux, matérialisés par la roue dentée de Savart. Ainsi, des chocs isolés de la roue produisent des sensations isolées; ces chocs suffisamment rapprochés, et dans un certain degré de vitesse, se transforment en son musical, produisant une sensation composée et nouvelle; sensation qui permet au sens de l'ouïe de mettre en évidence ses capacités esthétiques, au point de vue de la gravité ou de l'acuité des sons; capacités esthétiques de l'ouïe reposant, je veux dire se constatant par des nombres sous nos yeux; capacités qui s'expliquent, se démontrent physiquement. Où trouverez-vous une évidence plus grande?...

Mais l'explication si simple devient impossible, radicalement impossible, en dehors des capacités esthétiques de l'ouïe. Supprimez par la pensée les capacités esthétiques de l'ouïe, et les explications relatives aux effets de la musique ne sont que des hypothèses dont on reconnaît bientôt le faible, comme dit d'Alembert. Bien mieux, si ces capacités n'existaient pas en germe chez tous les hommes, la musique n'aurait pas sa raison d'être.

Les psychologistes se sont occupés de la sensation dans ses rapports avec l'entendement; ils ne se sont pas occupés de la sensation dans ses rapports avec l'art et le beau. Comment l'auraient-ils pu, à moins d'être artistes à quelque degré, ou tout au moins d'avoir suffisamment développé les capacités esthétiques de l'ouïe pour les observer? Il en résulte qu'ils ne connaissent qu'un côté de la sensation; l'autre côté, je veux dire la sensation dans ses rapports avec l'art et le beau, est resté dans l'ombre, sans nul doute parce que les capacités esthétiques de l'ouïe étant trop près de nous, sont passées inaperçues; capacités existant en germe chez tous les hommes, différemment, je le répète, la musique n'aurait pas de raison d'être; capacités dont nous faisons usage, sans nous *en douter*, ce qui probablement a fait dire à l'illustre Leibnitz, que la musique est un calcul secret fait par l'âme à notre insu.

La découverte des capacités esthétiques de l'ouïe est une révélation du sens de l'ouïe à un point de vue nouveau, la *révélation* n'étant que la découverte de ce qui est en nous. Nous possédons tous à divers degrés ces aptitudes de l'ouïe, puisque tous, à part de rares exceptions, nous distinguons le son musical des sons et bruits vulgaires; et que tous aussi nous distinguons le son produit par le véritable artiste, le son qui a une âme, du son musical mécanique inerte, sans âme. Seulement, je ne saurais trop le redire, nous usons de ces aptitudes esthétiques de l'ouïe sans nous en douter, absolument comme M. Jourdain faisant de la prose sans s'en douter.

Révélation du reste qui n'a rien de bien surprenant, l'ouïe est certainement le sens le moins connu. N'a-t-il pas fallu des siècles pour que Laënec découvrît et appliquât les capacités de l'ouïe au point de vue si important de la santé et de la maladie!

Qu'y a-t-il alors d'étonnant que les capacités esthétiques de l'ouïe soupçonnées vaguement par Euler et d'autres, aient échappé à Descartes, d'Alembert, etc., etc.

Que les capacités esthétiques de l'ouïe aient échappé aux acousticiens, aux psychologistes, il n'en est pas moins certain que les systèmes de musique présents, passés et à venir, ne sont et ne seront que la manifestation plus ou moins intelligente, plus ou moins satisfaisante de ces capacités.

S'il en est ainsi, les musiciens de tous les temps, en suivant leur instinct secret, n'ayant pu créer de système de musique contrairement aux capacités esthétiques de l'ouïe, je veux dire avec des sons pris au hasard et sans *relation*, les éléments de tous les systèmes, c'est-à-dire les intervalles de tous les systèmes, sont nécessairement contenus dans la série d'intervalles du chapitre C, provenant de la décomposition du rayon sonore; c'est ce que nous allons vérifier, en analysant les éléments du système moderne et du plain-chant.

Nous verrons ensuite comment les éléments de l'acoustique musicale s'appliquent aux propriétés du son musical : durée, timbre, intensité, résonnance, volume, propagation et réflexion, dont nous n'avons pas encore parlé.

FIN DES ÉLÉMENTS DE LA MUSIQUE OU PLASTIQUE DE L'OUÏE.

ÉLÉMENTS DU SYSTÈME MODERNE.

CHAPITRE Ier.

Éléments du systéme moderne.

L'homme crée l'art, non pas dans le sens rigoureux du mot, ce serait de rien faire quelque chose, mais il crée l'art avec les aptitudes, les capacités esthétiques de l'ouïe dérivant de sa nature; capacités existant en germe chez l'homme, et qu'il est *nécessairement* obligé de développer, d'exercer par le travail, pour être apte à les manifester avec plus ou moins de génie, d'imagination; et disons tout de suite que c'est l'exception dans l'humanité qui est apte à les manifester. (V. chapitre VII, les explications à ce sujet.)

Si par la pensée nous embrassons tous les systèmes passés, présents et futurs, nous pouvons considérer ces systèmes comme des manifestations plus ou moins satisfaisantes, plus ou moins intelligentes des capacités de l'ouïe, analysées dans l'*Acoustique musicale*, en ce sens que dans chaque système on a employé avec plus ou moins d'intelligence les intervalles provenant de la décomposition du rayon sonore, chapitre C, comme les peintres de tous les temps ont employé les couleurs du prisme bien avant la découverte de Newton, peintres et musiciens ne pouvant créer l'art contrairement à la nature des choses; et par exemple, pour la musique, contrairement aux exigences de l'ouïe, je veux dire avec des sons pris au hasard et sans *relation* (1).

Les systèmes de musique sont l'œuvre d'un long et laborieux enfantement. Le système moderne, par exemple, a subi des modifications successives plus ou moins importantes pour arriver au point où il est aujourd'hui. Avant d'aborder les éléments du système moderne, il est utile d'expliquer en quoi consistent les éléments d'un système de musique, sa partie invariable.

Les éléments d'un système de musique consistent dans les intervalles élémentaires du système; et la manière de les employer, c'est le côté invariable du système, sa *tonalité* (2) ou *manière d'être;*

(1) La *relation* la plus parfaite, identité dans la variété, se constate dans la décomposition du rayon sonore. (V. du reste chapitre XII à ce sujet.)

(2) C'est bien simple, et pourtant ce n'était pas si facile à trouver qu'on pourrait le supposer. Voici la définition de M. Fétis, *Traité d'harmonie*, p. 248 : « Qu'est-ce que la tonalité? Si niaise que soit cette question en apparence, il est » cependant certain que peu de musiciens pourraient y ré-

et il y a bien des tonalités possibles, depuis la musique rudimentaire des peuplades primitives, jusqu'au système moderne.

Où peut-on découvrir la partie invariable d'un système, sa tonalité? Dans les œuvres du système. Les éléments de la musique ou plastique de l'ouïe, c'est-à-dire les éléments de tous les systèmes, ont leur raison d'être dans les capacités esthétiques de l'ouïe, antérieures et supérieures aux systèmes de musique. Les éléments d'un système quelconque, manifestation de ces capacités, il les faut découvrir dans les œuvres du système, dans la partie inva-

» pondre d'une manière satisfaisante. Pour moi, je dirai que la « tonalité réside *dans l'ordre où sont placés les sons de la* » *gamme, dans leurs distances respectives, dans leurs rela-* » *tions harmoniques.* »

Nous verrons tout à l'heure que l'ordre où sont placés les sons de la gamme, leurs distances respectives, leurs relations harmoniques, dépendent des intervalles élémentaires du système et de la manière de les employer; M. Fétis, dans sa définition de la tonalité, prend simplement l'effet pour la cause.

Et il ajoute : « La composition des accords, les circonstances » qui les modifient, et les lois de leur succession, sont les ré- » sultats nécessaires de cette tonalité; changez l'ordre des sons, » intervertissez leurs distances, et la plupart des relations » harmoniques s'anéantiront, etc., etc. »

C'est évident, changez les *intervalles élémentaires* de la gamme, et tout change : les distances respectives, les relations harmoniques, etc., etc.; seulement, je le répète, M. Fétis prend l'effet pour la cause, il définit le résultat de la tonalité, et non la tonalité.

Qu'est-ce que la tonalité? C'est la manière d'être du système? En quoi consiste-t-elle? Dans les intervalles élémentaires du système et la manière de les employer. C'est très simple.

riable de ces œuvres, et nécessairement, il faut être musicien pour les découvrir, et encore y a-t-il fort peu de musiciens, même éminents, aptes à ce travail d'analyse. (V. chapitre XV, § 2.)

Quels sont les éléments du système moderne ? A travers la variété infinie d'intervalles employés dans la musique moderne, je découvre cinq intervalles fondamentaux (1) : la *quarte, deux tierces,* un *ton*, et un *demi-ton*, qui, par le renversement, produisent d'autres intervalles, etc., etc.

Quant à la manière de les employer, c'est-à-dire de comprendre la relation des sons, tous les sons convergent autour d'un son appelé tonique. Il y a deux modes ou manière de faire la gamme. Tels sont les éléments du système moderne, sa tonalité.

Mais il ne suffit pas de dire que telle est la tonalité du système, faut-il encore le prouver, et comment est-il possible de le prouver ?... en rangeant tout simplement les intervalles ci-dessus d'après la tonalité. A cet effet, prenant pour tonique un son

(1) Les intervalles fondamentaux ou élémentaires sont dans les rapports simples avec la tonique, il n'y en a qu'un de chaque espèce dans ces conditions. Ces intervalles engendrent directement ou indirectement tous les autres par renversement, contact, etc., etc. Comme en peinture, les couleurs primitives engendrent les autres.

Les intervalles élémentaires sont consonnants ou dissonnants (V., chapitre D, l'explication de ces mots). Dans le système moderne, les intervalles élémentaires dissonnants sont la seconde $\frac{8}{9}$ et le demi-ton $\frac{16}{17}$.

quelconque x, faisant un nombre de vibrations représenté par 1 :

Les intervalles de quarte, tierce majeure, seconde, rangés dans l'ordre ascendant autour de la tonique que nous appellerons *ut* (1), produisent le tétracorde *ut ré mi fa;* les intervalles de demi-ton, tierce mineure, quarte, donnent le tétracorde descendant *sol la si ut*. Exemple :

Une quarte, *ut* — *fa* (rapport 3 à 4).
Une tierce, *ut* — *mi* (rapport 4 à 5).
Une seconde, *ut* — *ré* (rapport 8 à 9).

Dans l'ordre descendant :

Un demi-ton, *si* — *ut* (rapport 16 à 17).
Une tierce, *la* — *ut* (rapport 5 à 6).
Une quarte, *sol* — *ut* (rapport 3 à 4).

Telle est la gamme majeure du système moderne. Pour l'avoir mineure, il n'y a qu'à changer l'ordre des tierces; mettre la tierce mineure dans le tétracorde ascendant, et la tierce majeure dans le tétracorde descendant. Et pour la présenter sous la forme usuelle, on n'a qu'à renverser (2) l'un des deux tétracordes.

(1) J'emploie les noms usuels pour faciliter l'explication, car il n'y a ni *ut* ni *ré* dans la nature.

(2) Soit le tétracorde descendant.

Exemple :

1	$1\frac{1}{8}$	$1\frac{1}{4}$	$1\frac{1}{3}$	$1\frac{1}{2}$	$1\frac{2}{3}$	$1\frac{16}{17}$	2
ut	*ré*	*mi*	*fa*	*sol*	*la*	*si*	*ut* — mode majeur.
ut		$1\frac{1}{5}$			$1\frac{3}{5}$		*ut* — mode mineur.

Et c'est même à ce fait, nous le notons en passant, qu'on

Et la gamme se compose, non pas d'une série de secondes, comme on pourrait le supposer d'après les apparences, mais d'une quarte, deux tierces, une seconde, et enfin d'un demi-ton; intervalles qui, rangés par ordre d'acuité, produisent par leur juxta-position une série de secondes, appelées indifféremment :

1er DEGRÉ — Tonique ou *ut*	2e DEGRÉ — Sus-tonique ou *ré*	3e DEGRÉ — Médiante ou *mi*	4e DEGRÉ — Sous-dominante ou *fa*	5e DEGRÉ — Dominante ou *sol*	6e DEGRÉ — Sus-dominante ou *la*	7e DEGRÉ — Sensible ou *si*	8e DEGRÉ — Tonique ou *ut*

Ces mêmes intervalles, rangés par groupes, dits accords, ne sont qu'un nouvel aspect des éléments du système.

Aussi, la *théorie* (1) *tout entière du système*

doit rattacher l'origine du renversement pratiqué dans l'harmonie.

(1) « Pourtant, il faut bien que je le dise, la philosophie de » cette science qu'on appelle la musique ayant manqué à la » plupart de ceux qui en ont traité, après tant de travaux, rien » n'est plus rare que de rencontrer des idées justes sur sa » théorie : les principes naturels de cette théorie sont encore » à faire. Paraîtra-t-il enfin un livre qui remplira cette lacune » et qui offrira le point de départ de toutes les règles? Je l'es- » père. » (Fétis, *Bibliographie des musiciens*, 1er volume, *Résumé philosophique de l'histoire de la musique*, p. 254.)

Le point de départ des règles du système moderne est dans la gamme du système, si réellement elle contient les éléments du système; comme le point de départ de tous les systèmes est dans l'acoustique musicale, contenant les éléments de la plastique de l'ouïe antérieurs et supérieurs à tous les systèmes.

moderne (harmonie et mélodie) est-elle dans la gamme, il ne s'agit que d'avoir assez d'intelligence pour l'en faire sortir avec les développements convenables; à moins que la gamme ne contienne pas les éléments du système, harmonie et mélodie, ou que ces éléments soient de nature différente. M. Fétis a constaté que le principe de la mélodie et de l'harmonie est identique (1).

(1) « L'immense quantité de traités et de méthodes d'har-
» monie, dit M. Fétis, publiés depuis environ 120 ans, dérivent
» de ces quatre systèmes (V. plus loin, note, ch. IX); la seule
» chose à quoi l'on n'a point pensé, c'est d'examiner si la
» constitution naturelle de l'art, dans ses rapports avec notre
» organisation, ne fournit pas une base plus réelle que des
» faits acoustiques ou des procédés mécaniques qui ne sont
» que des jeux de l'esprit, ou, enfin, des faits empiriques
» isolés, qu'on ne rattache à aucune loi générale. Or, cette
» recherche, dont aucun théoricien ne s'est préoccupé, est ce
» qui a fixé mon attention depuis quarante ans.
» Abandonnant toute idée de système, je me suis demandé
» si les lois secrètes qui régissent les rapports de succession
» des sons de nos gammes majeures et mineures, n'étaient pas
» les mêmes qui déterminent les rapports de simultanéité dans
» les accords; en d'autres termes, si le principe de la mélodie
» n'était pas identique avec celui de l'harmonie; et bientôt j'ai
» acquis la conviction de cette identité. J'ai vu, etc., etc. »
(*Traité d'harmonie* de M. Fétis, p. ij.)

Les éléments de la mélodie et de l'harmonie sont identiques; le principe de la mélodie ne saurait être différent de celui de l'harmonie, la mélodie comme l'harmonie n'étant que la manifestation des capacités esthétiques de l'ouïe d'apprécier la relation des sons émis successivement ou simultanément.

Du reste, l'identité des éléments de l'harmonie et de la mélodie est évidente par elle-même; n'avons-nous pas vu, chapitre B, que, dès qu'il y a deux sons produits simultané-

CHAPITRE II.

Éléments du plain-chant.

Le plain-chant n'a que quatre intervalles fondamentaux : l'intervalle de quarte, deux tierces, et l'intervalle de seconde.

Quant à la manière de les employer, tous les sons convergent autour de deux sons appelés tonique ou finale, et la dominante. Ici, c'est la dualité à la place de l'unité.

Il n'y a pas de modes, ils sont remplacés par deux manières d'employer les sons de la gamme, suivant que le ton est authentique ou plagal.

Telle est la tonalité de ce système, bien différente, on le voit, de la tonalité du système moderne.

Les intervalles de quarte, tierce majeure, se-

ment ou *successivement*, l'ouïe perçoit trois choses : l'acuité ou intonation de chacun des deux sons et le rapport ou différence.

Les lois secrètes qui régissent les rapports de succession des sons de notre gamme majeure et mineure, et les rapports de simultanéité, ont donc tout simplement leur raison d'être dans les capacités esthétiques de l'ouïe antérieures et supérieures aux systèmes de musique.

conde, tierce mineure, et quarte, rangés d'après la tonalité autour de la tonique ou finale que nous appellerons *ut*, et que nous supposons faire un nombre de vibrations représenté par 1, nous donnent l'hexacorde

sol	*la*	*ut*	*ré*	*mi*	*fa.*
$\frac{3}{4}$	$\frac{5}{6}$	1	$1\frac{1}{8}$	$1\frac{1}{4}$	$1\frac{1}{3}$

La tierce majeure de la dominante *sol* complète la gamme......... *si* $\frac{15}{16}$

Pour avoir cette gamme dans l'ordre usuel, il n'y a qu'à renverser l'un des deux tétracordes, soit le descendant, et nous avons

ut	*ré*	*mi*	*fa*	*sol*	*la*	*si*	*ut*
1	$1\frac{1}{8}$	$1\frac{1}{4}$	$1\frac{1}{3}$	$1\frac{1}{2}$	$1\frac{2}{3}$	$1\frac{7}{8}$	2.

Avec cette gamme, sans unité, sans attraction, elle n'a pas de sensible, ou plutôt elle en aurait deux, puisque les intervalles *mi fa* et *si ut*, sont semblables, on a fait huit gammes ou tons, qui ne sont que huit répétitions de la même gamme, en partant de chacune des notes qui la composent [1].

[1] 1er TON. Finale *ré.*
Dominante *la.* — *Ré mi*$\frac{1}{2}$ *fa sol la si*$\frac{1}{2}$ *ut ré.*
3e TON. Finale *mi.*
Dominante *ut.* — *Mi*$\frac{1}{2}$ *fa sol la si*$\frac{1}{2}$ *ut ré mi.*
5e TON. Finale *fa.*
Dominante *ut.* — *Fa sol la si*$\frac{1}{2}$ *ut ré mi*$\frac{1}{2}$ *fa.*
7e TON. Finale *sol.*
Dominante *ré.* — *Sol la si*$\frac{1}{2}$ *ut ré mi*$\frac{1}{2}$ *fa sol.*

La gamme d'un système résume ce système, elle en contient les éléments ; aussi, en comparant les éléments du plain-chant aux éléments du système moderne, on peut se faire une idée exacte de la différence profonde des deux systèmes dans toutes les parties de l'art ; et, par exemple, par ce seul fait que les mots : *ut, ré, mi, fa, sol, la, si, ut,* sont pris dans une acception absolue, tandis que, dans la gamme moderne, ils sont employés dans le sens général de : tonique, sus-tonique, médiante, etc., il est évident que les deux systèmes diffèrent profondément l'un de l'autre.

Disons-le en passant, en musique on oublie trop souvent que les mots : ton, tonique, modes, genres, etc., ont des acceptions diverses suivant le système, et cela ne contribue pas peu à perpétuer la confusion des idées, j'allais dire des langues, sur la musique.

2e TON. Finale *ré*.
Dominante *fa*. — *La si$\frac{1}{2}$ ut ré mi$\frac{1}{2}$ fa sol la.*
4e TON. Finale *mi*.
Dominante *la*. — *Si$\frac{1}{2}$ ut ré mi$\frac{1}{2}$ fa sol la si.*
6e TON. Finale *fa*.
Dominante *la*. — *Ut ré mi$\frac{1}{2}$ fa sol la si$\frac{1}{2}$ ut.*
8e TON. Finale *sol*.
Dominante *ut*. — *Ré mi$\frac{1}{2}$ fa sol la si$\frac{1}{2}$ ut ré.*

Les quatre tons pairs sont les plagaux ; les impairs sont dits authentiques.

CHAPITRE III.

Tempérament.

Dès qu'un système de musique est créé et bien établi, il faut des instruments propres à jouer les œuvres du système; instruments possédant nécessairement les éléments ou sons fondamentaux du système; et voilà comment, par la nature même des choses, la gamme d'un système quelconque n'est pas simplement une série de secondes propres aux exercices de voix ou d'instruments, comme on pourrait le supposer par les apparences, mais bien le résumé des éléments du système.

Non pas que les musiciens soient arrivés à dresser la gamme du système créé par leur génie, en faisant des raisonnements analogues à ceux des chapitres qui précèdent; les musiciens ont établi la gamme en suivant les exigences de l'ouïe, en obéissant à leur nature, à leur instinct secret des choses; et cette science secrète les a conduits à résumer les éléments du système dans la gamme, peut-être même sans songer aux éléments du système, et surtout à la possibilité de les soumettre à l'analyse.

De même pour le tempérament, dont nous allons nous occuper, les musiciens ont obéi à leur instinct secret, et nous allons essayer d'expliquer le tempérament d'après les rapports nécessaires dérivant de la nature des choses.

Le plain-chant a huit gammes ou plutôt huit manières de faire la même gamme. Le système moderne n'a, au contraire, qu'une gamme majeure et mineure, composée de tonique, sus-tonique, médiante, sous-dominante, dominante, sus-dominante, sensible; et, malgré cette pauvreté apparente, il dispose pourtant de plus de sons que le plain-chant, parce que cette gamme, toujours la même, se jouant sur tous les tons, c'est-à-dire en prenant un son quelconque pour tonique ou fondamentale du ton, il suffit de changer de tonique, ce qu'on appelle moduler, modulation, pour avoir à sa disposition tous les sons imaginables.

Sur un instrument comme la voix, le violon, etc., les sons ne sont pas fixes, le ton ou tonique peut être considéré comme quelque chose de mobile, d'indéterminé; mais, sur un instrument à sons fixes : piano, clarinette, hautbois, flûte, etc., cette indétermination n'existe pas.

La relation des sons de la gamme est si intime avec la tonique ou fondamentale du ton qu'un tuyau ne saurait donner qu'une gamme parfaitement juste. Il faudrait donc un instrument spécial ou des tuyaux de rechange pour chaque tonique; et, comme il y a dans notre système seize [1] tons plus ou moins usités, cela exigerait, à la rigueur, trente-deux instruments : seize pour le mode majeur, seize pour le mode mineur.

Cette multitude d'instruments serait un embarras bien plus qu'une richesse; d'ailleurs, les modulations fréquentes de la musique moderne en rendraient l'usage à peu près impossible.

Aussi a-t-on imaginé de construire des instruments à sons fixes, propres à jouer la gamme majeure et mineure en prenant pour tonique un son quelconque; et, pour y arriver sans trop choquer l'oreille, on a dû tempérer non pas la gamme écrite, comme on le dit fort improprement, mais les instruments à sons fixes : piano, clarinette, hautbois, flûte, etc.

Nous attachons une grande importance à cette distinction, futile en apparence, parce qu'elle a entraîné ceux qui n'y ont pas pris garde dans une fausse route. En effet, le tempérament s'appliquant à la gamme écrite et non à l'instrument, on est porté à la diviser en douze parties, et à raisonner comme s'il y avait une gamme vraie, une gamme tempérée, une autre chromatique, et enfin une quatrième enharmonique : tandis qu'en réalité, dans *notre système*, il n'y a qu'une gamme vraie, majeure ou mineure, et que la gamme tempérée,

[1] Sept avec des dièzes, sept avec des bémols, plus le ton d'*ut* majeur et *la* mineur.

la gamme chromatique et la gamme enharmonique, ne sont que la conséquence de la construction des instruments à sons fixes. C'est ce qui va ressortir avec évidence de l'examen auquel nous allons nous livrer sur l'origine des dièses et bémols.

Qu'est-ce qu'un dièse ? Qu'est-ce qu'un bémol ? Y en a-t-il dans la gamme ?

Les dièses et les bémols ne sont autre chose que des sons supplémentaires indispensables pour construire un instrument à sons fixes, propre à jouer la gamme du chapitre Ier, en prenant pour tonique l'un des sons de cette gamme *(ut ré mi fa sol la si);* aussi, en prenant successivement pour tonique l'un de ces sons, est-on obligé d'introduire six sons supplémentaires.

Ces gammes, dites en mode mineur, exigeraient trois sons supplémentaires, en tout neuf sons supplémentaires [1], qu'on appelle dièses ou bémols, suivant qu'on les a introduits pour remplacer un intervalle de la gamme vraie trop petit ou trop grand.

Si, dans cet état, on parcourt l'instrument, on a

#	#		#	#	#		
ut	*ré*	*mi*	*fa*	*sol*	*la*	*si*	*ut,*
	♭	♭			♭	♭	

[1] *Fa* # *ut* # *sol* # *ré* # *la* # *si* ♭; et *mi* ♭ *la* ♭ *ré* ♭.
Je ne me préoccupe pas des modifications qu'il faudrait faire subir aux autres sons de la gamme; je ne veux que signaler les sons nouveaux à introduire indispensablement.

et, en distinguant par des couleurs les sons supplémentaires, afin de ne pas encombrer la série de nouveaux mots, cette suite de sons produira à l'œil et à l'ouïe une gamme chromatique à intervalles infiniment petits.

En outre, et pour simplifier la construction de l'instrument, bien que les dièses et les bémols soient des choses différentes, puisque les uns remplacent des sons de la gamme qui étaient trop bas, tandis que les autres remplacent des sons qui étaient trop haut, on les a tempérés, enharmonisés, de manière que le même son pût servir de dièse ou de bémol; et on a réduit de la sorte les sons supplémentaires à cinq, qui sont les cinq touches noires du piano. Nous disons le piano parce qu'il matérialise pour ainsi dire les faits, et qu'il n'y a pas à tenir compte de l'influence de l'embouchure comme pour les autres instruments à sons fixes.

Dans cet état, l'instrument est tempéré, chromatique et enharmonique, c'est-à-dire qu'il est propre à produire une gamme tempérée de sept sons, majeure ou mineure dans un ton quelconque (1); et, en outre, une série de sons appartenant à tous les tons, série chromatique, parce qu'en effet elle a

(1) Et à cet effet, on met des signes : dièses ou bémols à la clef, pour indiquer, dans chaque ton, les sons supplémentaires qui doivent remplacer les sons de la gamme naturelle de l'instrument.

une certaine couleur par le rapprochement, le choc des intervalles de divers tons.

Nous avions donc raison de tenir à ce qu'on vît clairement que c'est l'instrument qui est tempéré, et non la gamme écrite : cette confusion, nous l'avons dit, a amené une série d'erreurs les plus grossières, en laissant croire à l'existence d'une gamme tempérée, d'une autre chromatique, d'une autre enharmonique, et, conséquemment, d'une musique correspondant à ces trois gammes ; comme s'il était possible de faire de la musique avec des sons de tous les tons et de tous les modes. Ce serait un arlequin musical ou plutôt un chaos musical : où serait, d'ailleurs, l'utilité de pareilles gammes, avec la facilité qu'on a dans notre système de moduler à volonté, et d'avoir ainsi à sa disposition des variétés infinies de sons ?

Tout ce que nous venons de dire s'applique au système moderne. Quant à la gamme du plain-chant ou aux huit manières de la faire, qui, à l'aide de certaines règles inutiles à expliquer ici, constituent les quatre tons authentiques et les quatre tons plagaux, ces huit tons n'exigent pas le tempérament, les instruments à sons fixes peuvent les jouer sans être tempérés, chaque ton ayant sa physionomie spéciale, indépendante. La modulation (passage d'un ton à l'autre) est impossible dans ce système, conséquemment le tempérament inutile.

Et c'est précisément sur la gamme du plain-chant que repose la théorie du tempérament des traités de physique.

CHAPITRE IV.

Diapason.

Le tempérament, dans notre système de musique, est une nécessité de la construction des instruments à sons fixes, propres à jouer dans tous les *tons* du système.

La détermination d'un son fixe ou diapason est une nécessité de la construction des instruments à sons fixes; on pourrait simplement dire que c'est une nécessité dérivant de l'exécution de la musique, car pour exécuter la musique, même avec des instruments à sons non fixes : violon, violoncelle, voix, etc., il faut bien se mettre d'accord et, à cet effet, déterminer un son fixe.

En établissant les éléments du système moderne, chapitre Ier, nous avons pris un son x pour tonique; le diapason détermine, fixe la valeur de x.

Nous avions le projet de traiter ici la question du diapason; mais cette théorie, plus compliquée qu'on ne le suppose généralement, nous entraînerait à trop de développements, nous préférons la publier séparément, en même temps que la théorie du métronome.

CHAPITRE V.

POST-SCRIPTUM [1].

Gamme de M. Fétis, directeur du Conservatoire de Bruxelles.

En 1852, j'ai publié une brochure sous le titre modeste : *Origine de la gamme,* contenant : 1° les éléments de l'acoustique musicale que je présente aujourd'hui, chapitres A, B, C, D, E, avec les développements convenables; 2° les éléments du système moderne.

Dans l'introduction, je disais que la théorie de l'art était à créer, malgré les nombreux travaux connus; je voulais simplement dire que la science qui *connaît,* explique, ne correspondait pas à l'art.

M. Fétis père publia deux longs articles dans la *Revue et Gazette musicale,* pour attaquer violemment mon travail, qu'assurément il n'avait pas lu,

(1) Dans la première édition de l'*Acoustique musicale,* ce chapitre est à la fin de l'ouvrage; par suite du remaniement complet de mon travail, je le place ici, en lui conservant le même titre.

car il me fait dire quelquefois le contraire de ce que j'ai dit.

Après un si long temps, je ne reviens sur ces deux articles que pour signaler une erreur grave de M. Fétis, au sujet d'une gamme qu'il dit être la gamme du système moderne, gamme dont tous les tons seraient égaux dans les rapports $\frac{8}{9}$ et les demi-tons dans les rapports $\frac{243}{256}$ (1).

(1) « Cependant j'ai fait voir en vingt endroits, dit M. Fétis, » que l'erreur de tous les géomètres provient de ce qu'ils ont » confondu la tonalité ancienne avec celle de la musique mo- » derne, et de ce qu'ils n'ont pas vérifié la nature vraie des » tierces de celle-ci. S'ils avaient fait cette vérification avec » une connaissance suffisante des nécessités attractives de » l'harmonie, dissonnante naturelle qui constitue essentielle- » ment cette tonalité, ils auraient vu que les nombres 1, 2, 3, 4 » seulement sont rigoureusement exacts, et donnent les pro- » portions, en quelque tonalité que ce soit, de l'octave, de la » quinte et de la quarte; ils auraient acquis la conviction que » le nombre 5 n'est pas l'expression de la tierce majeure; que » l'inégalité des tons majeurs et mineurs engendrée par ce » chiffre n'a qu'une base fausse, et que tous les tons de la » gamme sont égaux dans les rapports de 8 : 9; enfin, que le » chiffre 5, d'où l'on tire ces tons inégaux représentés par les » rapports 8 : 9, 9 : 10, est aussi l'origine du demi-ton exprimé » par le rapport 15 : 16, qui n'est pas notre demi-ton attractif » *mi fa* et *si ut*, lequel ne peut être représenté que par la » proportion exacte 243 : 256, ou approximativement 24 : 25. » J'ai fait voir, dans mon *Esquisse de l'histoire de l'harmonie*, » à quelles aberrations la forte tête d'Euler s'est laissé entraî- » ner par cette fausse idée des degrés de suavité auxquels » s'élève le beau, harmonieux de la musique, en raison de la » simplicité numérique des sons, etc., etc. »

(*Revue et Gazette musicale de Paris,* 19 juin 1853, p. 217.)

Examinons cette gamme au point de vue des principes : 1° quels sont les éléments de cette gamme ? M. Fétis ne les donne pas. Lorsque nous aurons rangé par ordre les intervalles élémentaires de cette gamme, d'après la tonalité du système moderne, nous verrons bien si toutes les secondes sont dans le rapport de $\frac{8}{9}$, et les intervalles *mi fa* et *si ut* dans les rapports de $\frac{243}{256}$. 2° A juger sur l'apparence, tous les tons étant égaux, ce doit être une gamme tempérée ; or, dans notre système, ce sont les instruments à sons fixes qu'on tempère et non la gamme ; avant de s'occuper du tempérament, faut-il avoir découvert la gamme vraie. 3° Les intervalles de cette gamme sont renouvelés du Grec Ératosthène (extrait des manuscrits de la Bibliothèque nationale, t. XVI, 2e partie, p. 393).

En tous cas, la gamme de M. Fétis n'est certainement pas la gamme du système moderne, elle n'a pas de sensible ou plutôt elle en aurait deux, les intervalles *mi fa* et *si ut* étant semblables. Aussi n'y a-t-il pas lieu de discuter sérieusement cette gamme, malgré l'autorité du patronage, l'apparence suffit pour la repousser sans autre examen.

M. Fétis parle d'ailleurs des tons de la gamme, comme s'il y avait plusieurs intervalles de secondes, et deux demi-tons ; il y a évidemment confusion dans son esprit à ce sujet. S'il avait lu le travail qu'il a si violemment attaqué, il aurait vu qu'il n'y a qu'un intervalle de seconde dans la gamme, c'est l'intervalle élémentaire *ut ré* (1); et un demi-ton *si ut*.

Les intervalles élémentaires du système moderne se réduisent à cinq :

Une quarte......... *ut* .... *fa*
Une tierce majeure.. *ut* .. *mi*
Une seconde....... *ut* . *ré*

Dans l'ordre descendant :

Un demi-ton........ *si*.. *ut*
Une tierce. ...... *la* .. *ut*
Une quarte..... *sol*..... *ut*

Ré mi n'est pas un intervalle élémentaire, c'est évident, ce n'est que la différence de la seconde, ut ré à la tierce, ut mi, *mi fa*, différence de la tierce ut mi, à la quarte ut fa.

Le tétracorde descendant étant renversé : *fa sol*, n'est que la quarte renversée. *Sol la* n'est pas davantage un intervalle élémentaire, ce n'est que la différence de la quarte, sol ut à la tierce, la ut; *la si*, différence de la tierce la ut, au demi-ton, *si ut*.

Dès qu'il s'agit de principes, il ne faut s'occuper que des intervalles élémentaires, les autres intervalles non élémentaires, si variés qu'ils soient, étant engendrés directement ou indirectement par ceux-là, par renversement, contact, etc. (2).

(1) J'emploie les noms usuels pour faciliter l'explication, car, je l'ai dit ailleurs, il n'y a ni *ut* ni *ré* dans la nature.

(2) Il y a deux sortes d'intervalles : les intervalles élémentaires et les intervalles non élémentaires; c'était évident, et pourtant personne, que je sache, n'a fait cette distinction.

Assurément, dans la pratique il importe fort peu à l'exécutant de savoir si dans le système moderne les demi-tons, mi fa et si ut, sont dans les rapports $\frac{15}{16}$, comme l'indiquent les traités de physique, ou dans les rapports $\frac{243}{256}$, comme le prétend M. Fétis, ou bien si l'intervalle de la sensible à la tonique est dans les rapports $\frac{16}{17}$, comme je l'assure. L'oreille de l'exécutant le guide, il fait les tons et le demi-ton de la sensible à la tonique, comme ils doivent être faits d'après la tonalité du système, sans s'occuper des explications théoriques.

Mais, dès qu'il s'agit d'expliquer scientifiquement la gamme, il faut la démonter pour ainsi dire pièce à pièce, afin d'y découvrir les éléments du système sous ces deux aspects : harmonie et mélodie.

La décomposition de la gamme permet de constater : 1° que la mélodie et l'harmonie proviennent de la même source, c'est-à-dire de l'*intervalle* musical (voir, chapitre B, la définition de l'intervalle); bien mieux ces éléments sont identiques à la source, à ce point que les cinq intervalles élémentaires du système rangés simplement par ordre d'acuité d'après la tonalité du système (c'est-à-dire dans l'unité avec un son x pris pour tonique) suffisent pour former par leur *contact* une mélodie [1] monotone appelée gamme; 2° que la composition des accords, les lois de succession et de résolu-

[1] Le chœur des Moines, dans la *Favorite* (introduction), est tout simplement la gamme en montant et en descendant.

tion, etc., ont leur raison d'être dans les intervalles divers de la gamme; 3° en comparant les éléments de la gamme moderne aux éléments de la gamme du plain-chant (chapitres Ier et II), on peut vérifier ce fait vraiment incroyable, que c'est à l'introduction de ce petit intervalle de demi-ton (sensible à la tonique, rapport 16 à 17) qu'il faut attribuer la transformation du système moderne à partir de Monteverde. Que ce musicien de génie ait deviné l'attraction des sons en employant les accords dissonnants sans préparation, ou bien que l'emploi des accords dissonnants sans préparation ait obligé les musiciens à introduire ce petit intervalle de sensible à la tonique, afin de rendre plus évidente la relation des sons, l'attraction des sons (1), toujours est-il que l'introduction de ce petit intervalle a révolutionné le système, passionné, mouvementé la musique et engendré le rhythme moderne, conséquemment le drame lyrique moderne...

Mais, dira-t-on, d'où vient donc la gamme, quelle est son origine pour qu'on y puisse constater toutes ces choses?... L'origine de la gamme est dans les œuvres mêmes du système; j'ai analysé les intervalles élémentaires, la partie invariable des œuvres du système, j'y ai trouvé cinq intervalles élémentaires, engendrant tous les autres directement ou

(1) A ce moment, il y a eu dans le système deux éléments de dissonnance : l'intervalle de seconde et l'intervalle de demi-ton, aussi l'attraction des sons a-t-elle dû être plus accentuée.

indirectement, par renversement, contact, etc.; de plus j'ai constaté que la relation des sons, émis successivement ou simultanément, avait été comprise dans l'unité, c'est-à-dire que, dans les œuvres du système, tous les sons convergent vers un son appelé tonique.

Par suite de ces observations, j'ai eu l'idée bien simple de ranger les cinq intervalles élémentaires autour d'un son x pris pour tonique. De la sorte la gamme contient réellement les éléments du système; que le système change et la gamme modifiera ses éléments.

La gamme résume le système, en contient les éléments, c'est dans la gamme qu'on doit trouver la théorie complète, rationnelle, du système moderne (éléments de l'harmonie et de la mélodie).

A moins pourtant que la gamme ne contienne pas les éléments du système, et alors que serait-ce donc que ce sphynx appelé gamme? ou bien encore que le système ne repose pas sur des éléments, c'est-à-dire quelque *chose d'invariable*.

ÉLÉMENTS DE L'ART MUSICAL.

CHAPITRE VI.

L'acoustique musicale embrasse l'art musical tout entier : musique, instruments, local propre à la musique.

L'ouïe perçoit dans le son musical sept propriétés [1], dont nous n'avons pas encore parlé : durée, timbre, intensité, volume, résonnance, propagation et réflexion.

— L'intonation et la durée sont les éléments de la musique ou plastique de l'ouïe.

— Le timbre, l'intensité, se rattachent à l'exécution.

— La résonnance, volume, propagation et réflexion correspondent à la construction des instruments de musique et du local propre à la musique.

— La musique, les instruments et le local propre à la musique sont dans une étroite dépendance.

[1] Nous disons propriété à défaut d'un mot plus satisfaisant.

Pour exécuter l'œuvre du musicien, bonne ou mauvaise, il faut bien des instruments ou des voix et un local convenable. Ces trois branches de l'art constituent l'art musical; art immense, embrassant les diverses propriétés du son musical dont s'occupent trois artistes ayant des aptitudes très différentes : le musicien, le facteur d'instruments et l'architecte.

— Comment les éléments de la musique ou plastique de l'ouïe, reposant sur ce que l'ouïe découvre dans le son musical, s'appliquent-ils aux diverses propriétés du son musical?

Nous avons dit, chapitre A, que le son est musical, dès que l'ouïe peut suffisamment en apprécier le degré d'acuité ou de gravité pour le classer sur une échelle de sons. A ce moment, l'ouïe peut comparer les sons entre eux, en apprécier la convenance et disconvenance, c'est-à-dire la relation au point de vue de l'intonation.

Nous ajoutons ici : dès que le son est musical, ses diverses propriétés deviennent musicales, je veux dire appréciables, comparables : l'ouïe peut apprécier les sons entre eux au point de vue de la durée, sans se préoccuper de l'acuité ou intonation; au point de vue du timbre, sans se préoccuper de l'intonation ni de la durée, et ainsi des autres propriétés.

Et comme la convenance et la disconvenance des sons, c'est-à-dire la *relation* des sons, qu'il s'agisse d'intonation de durée (1), etc., etc., dépend toujours de la simplicité des rapports dans l'unité, les éléments de l'acoustique musicale, chapitre C, provenant de la décomposition du rayon sonore dans l'unité, ces éléments s'appliquent à la durée et à l'intensité des sons, comme à l'intonation des sons; la relation, je le répète, qu'il s'agisse de durée, d'intonation, d'intensité des sons, la relation impliquant toujours simplicité des rapports dans l'unité.

— Le timbre est pour ainsi dire la couleur du son musical; il exprime la nature intime du son; bornons-nous ici à dire que, dès que le son est musical, l'ouïe peut apprécier la convenance et disconvenance des timbres, convenance et disconvenance qui dépend toujours de la simplicité des rapports, que les rapports soient susceptibles d'être constatés par des nombres, ou, comme pour le timbre, les rapports ne soient pas susceptibles d'être exprimés par des nombres (2).

(1) La durée des sons est susceptible de division et de relation. La *relation* engendre le rhythme, la *division* produit la mesure, la mesure marque les temps forts du rhythme. (V. *Rhythme,* chapitre XI.)

(2) Le timbre manifestant la nature intime des choses, il est évident que la convenance et disconvenance des timbres n'est pas susceptible de s'exprimer en nombres; c'est d'un autre ordre.

— Chaque instrument de musique a le timbre qui lui est propre, suivant sa nature intime et le mode de production. La science de l'orchestration consiste à employer les divers tim-

— La résonnance, le volume, propagation, et réflexion du son musical, correspondent à la construction des instruments de musique et du local propre à la musique. La résonnance est la merveilleuse propriété que possède le son musical de faire vibrer, résonner les corps autour de lui; ainsi, posez un diapason sur une table ou tout autre objet, les vibrations du diapason feront résonner la table, et vous obtiendrez un son relativement très fort. Le volume, la propagation et la réflexion du son musical, sont des propriétés trop connues pour qu'il soit utile de les définir.

— Comment les éléments de la musique ou plastique de l'ouïe s'appliquent-ils à ces quatre propriétés du son médical?

— La construction des instruments de musique présente un double problème à résoudre; il s'agit de construire des instruments propres à jouer la musique d'un système donné, c'est-à-dire possédant les sons élémentaires du système (V., chapitres Ier et IIIe, les *Intervalles élémentaires du système moderne* et le *tempérament*), et, en outre, d'augmenter la puissance matérielle des sons par la résonnance.

bres de manière à plaire à l'oreille, ce n'est pas assez dire, de manière à colorer l'œuvre, faire circuler la vie, la lumière, la chaleur, en utilisant avec intelligence les timbres divers des instruments de l'orchestre.

Envisageant le timbre à un autre point de vue, chaque artiste tirera du même instrument une qualité de son, un timbre en quelque sorte spécial à l'artiste.

— Nous n'avons à nous occuper en ce moment que de la résonnance, et nous remarquons tout d'abord que les instruments de musique ont deux parties distinctes : le corps de l'instrument qui produit la résonnance, et le point où surgit le son ; par exemple, pour le violon, violoncelle, etc., etc., les cordes et la caisse ou corps de l'instrument ; pour les instruments à vent, le bec, l'embouchure ou anche, et le tuyau de l'instrument. Quelle puissance aurait, en effet, le son musical produit par une corde pincée, un bec, une anche ou une embouchure, sans la résonnance de l'air contenu dans la caisse ou le tuyau de l'instrument ?

Cette distinction comprise, nous disons que la résonnance la plus parfaite dépendra toujours, à part le choix, la nature de la matière, le mode de production, etc., etc., enfin toutes choses égales d'ailleurs, de la *relation* de toutes les parties de l'instrument, relation dépendant de la simplicité et de l'unité des rapports de toutes les parties de l'instrument. Dans ces conditions, les résonnances convergeant vers le même but, se fondront dans une harmonieuse unité, pour produire le son le plus puissant, le plus satisfaisant ; convergence qui implique une forme quelconque de l'instrument. Comment, en effet, toutes les parties de l'instrument seraient-elles en relation, sans unité et conséquemment sans forme ?

— La série des rapports, chapitre C, provenant

de la décomposition du rayon sonore dans l'unité, contient les éléments de toute forme (identité et variété). S'il en est ainsi, cette série contient les éléments de la forme des instruments de musique.

On a essayé plusieurs fois de fabriquer des violons carrés sans succès; le son est musical, mais la résonnance n'est pas la résultante de toutes les parties de l'instrument.

Les facteurs d'instruments de musique, en obéissant à leur instinct pratique des choses (science secrète des choses), ont fait des instruments d'une forme plus ou moins bizarre; mais cette forme, à part la question de commodité pour l'exécutant, a sa raison d'être dans la nature même des choses : la bonne résonnance de l'instrument, toutes choses égales d'ailleurs, exigeant, je ne saurais trop le répéter, l'unité de l'instrument, et qui dit unité, dit forme. Sans relation, pas d'unité; sans unité, pas de forme.

Les architectes, en suivant leur science secrète des choses, ont également obéi à cette nécessité de la forme, d'une manière plus ou moins satisfaisante.

L'acoustique musicale, science nouvelle, embrasse, on le voit, l'art musical tout entier : musique, instruments de musique et local propre à la musique.

— Comment la science nouvelle, reposant sur les capacités esthétiques de l'ouïe se relie-t-elle à l'acoustique des traités de physique? C'est un point fort important à élucider, afin de ne pas augmenter la confusion qui existe déjà dans les esprits.

— L'acoustique, dit M. Pouillet, au passage déjà cité, prend « le son à sa naissance, elle constate pour » ainsi dire le mouvement de toutes les molécules » du corps qui les produit; elle montre comment » il se communique à l'air, comment il en traverse » la masse, et comment il vient enfin ébranler les » membranes extérieures de notre organe. Là la » science est à son terme; dès que le nerf acous- » tique est frappé, il n'y a plus de traces percepti- » bles de modification matérielle, et par conséquent » de *phénomènes physiques.*»

On le voit, l'acoustique physique s'occupe du son hors nous, c'est la science du son musical *hors nous.* L'acoustique musicale s'occupe du son en nous, c'est la science du son musical *en nous;* elle repose sur les capacités esthétiques de l'ouïe, sur ce que l'ouïe perçoit dans le son musical, et commence nous l'avons déjà dit, au point où s'arrêtent les phénomènes physiques, au point où le phénomène psychologique apparaît.

— Le trait d'union entre l'acoustique physique et l'acoustique musicale est l'acoustique des facteurs d'instruments de musique et des architectes, c'est-à-dire la science physique du son musical appliquée à la construction des instruments de musique et du local propre à la musique, *science à créer.*

C'est le trait d'union, disons-nous ; car l'acoustique musicale contient, au point de vue de la forme, les éléments de la science à créer, et l'acoustique physique en contient les éléments au point de vue des propriétés physiques du son musical. Le problème à résoudre par l'architecte et le facteur d'instruments de musique n'est-il pas, en effet, d'appliquer les notions de la physique à la construction des instruments de musique et du local propre à la musique, je veux dire d'appliquer ces notions au point de vue de la forme la plus convenable des instruments et du local, afin d'obtenir la résonnance la plus parfaite et la propagation du son la plus satisfaisante ?...

Les architectes et les facteurs d'instruments de musique, en suivant leur expérience pratique, leur science secrète des choses, n'ont pu qu'utiliser d'une manière plus ou moins satisfaisante les phénomènes observés par les physiciens ; mais je le répète, l'acoustique des architectes et des facteurs d'instruments n'existe pas comme science, je veux dire qu'on n'a pas envisagé scientifiquement les phénomènes acoustiques observés par les physiciens, — au point de vue de la forme des instruments de musique et du local propre à la musique.

Du reste il faut le reconnaître, la science à créer

présente de sérieuses difficultés : ainsi, pour les instruments de musique, à part certains mystères impénétrables, il y a à tenir compte de tant de choses suivant les matières employées, le mode de production, la forme des instruments, etc., etc., qu'il faut absolument être du métier pour arriver à un résultat scientifique satisfaisant, chacun dans sa spécialité, une vie d'homme suffisant à peine pour être habile dans la construction d'un seul instrument de musique : violon, piano, etc., etc.

Pour l'architecte, la difficulté est beaucoup moindre ; le point important, en tenant compte des exigences scéniques et autres, en tenant compte de la place occupée par les spectateurs, par l'orchestre, la scène, etc., etc., le point important est de découvrir la forme la plus favorable à la propagation normale du son, en évitant les réflexions de sonorité anormales. Le problème au fond est celui-ci : une masse énorme d'air étant donnée, il s'agit de la circonscrire dans la forme la plus convenable au rayonnement normal du son musical, en tenant compte des exigences diverses dérivant de la nature des choses.

— En résumé, qu'on approuve ou conteste les explications qui précèdent, la science complète du son musical embrasse nécessairement la science du son musical *hors nous* et *en nous ;* mais l'acoustique des architectes et des facteurs d'instruments étant à faire, le *trait d'union* n'est pas établi, il y a une lacune entre l'acoustique physique ([1]), science du son musical hors nous, et l'acoustique musicale, science du son en nous. Aussi, la physique possède-t-elle des matériaux importants, mais stériles pour le facteur d'instruments et l'architecte.

([1]) Remarquez bien que je dis entre l'acoustique physique et l'acoustique musicale, et non entre l'acoustique physique et la *musique*, car il n'y a pas de rapport entre la physique et la musique; ce sont des choses d'ordre différent. La musique étant la manifestation des capacités esthétiques de l'ouïe, a sa raison d'être dans un phénomène psychologique (capacités esthétiques de l'ouïe). L'acoustique des traités de physique repose sur des phénomènes physiques (V. du reste chapitre IX, § 2). La physique n'a pas de rapport avec la musique, mais avec la construction des instruments de musique.

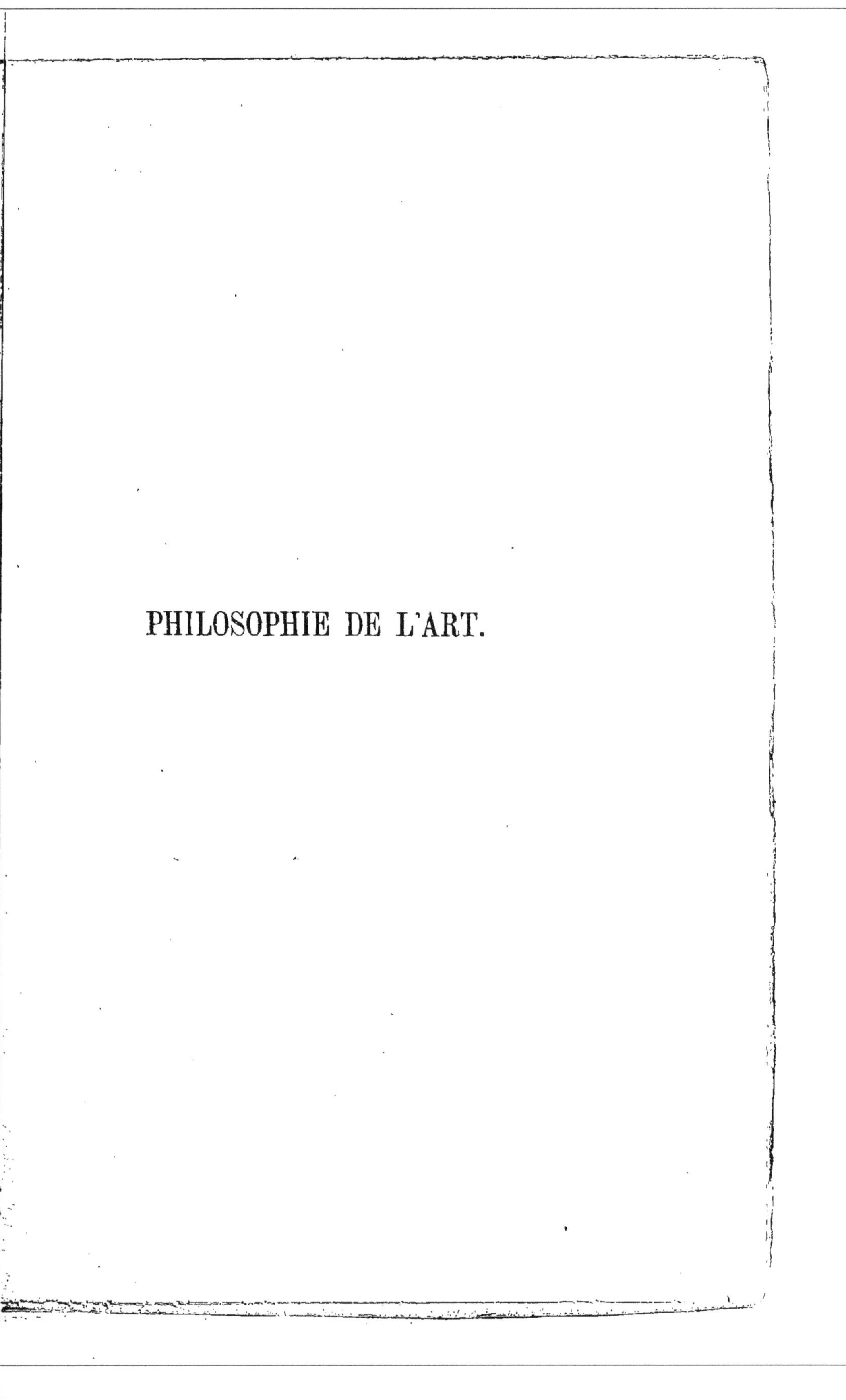

PHILOSOPHIE DE L'ART.

PHILOSOPHIE DE L'ART.

CHAPITRE VII.

Distinction entre la musique et l'acoustique musicale.

Avant de nous occuper de la musique (nous ne nous sommes occupé jusqu'ici que des *éléments* de la musique ou plastique de l'ouïe, et des éléments du système moderne), il est important de marquer la différence profonde qui existe entre l'acoustique musicale et la musique, l'acoustique musicale et la musique présentant les capacités esthétiques de l'ouïe sous deux aspects bien différents, séparés par un abîme.

L'acoustique musicale repose sur les capacités esthétiques de l'ouïe, sur ce que l'ouïe perçoit d'invariable dans le son musical, capacités antérieures et supérieures aux systèmes de musique. L'acoustique musicale nous présente les capacités esthétiques de l'ouïe à l'état *passif* pour ainsi dire : le *rôle de l'intelligence* ou *aptitude à connaître* se borne à constater ce qu'il y a d'invariable dans ces capacités existant en germe en nous. (V. *Acoustique musicale*, chap. A et suiv.)

Les systèmes de musique, si divers qu'ils soient, si rudimentaires qu'on les suppose, nous présentent ces capacités à l'état *actif*, je veux dire ces capacités se manifestant d'une manière plus ou moins satisfaisante dans le temps.

— Pour être apte à manifester ses capacités avec plus ou moins d'imagination, de génie, en les supposant suffisamment développées, il les faut exercer par le travail. On le voit, la *loi du travail* a son origine en nous, et dérive des nécessités de notre nature matérielle et immatérielle; pour manifester les germes d'intelligence ou aptitude à connaître, qui existent chez tous les hommes, ne faut-il pas les exercer par le travail ? Et c'est nécessairement l'exception, la très grande exception dans l'humanité, qui est apte à manifester ses capacités esthétiques, en créant des systèmes de musique ou des œuvres musicales [1] dans un système déjà établi, par exemple le système moderne, bien que les capacités existent en germe chez l'homme : si ces

[1] Les capacités esthétiques de l'ouïe exercées spécialement dans un système, soit le système moderne, on est apte à les manifester avec plus ou moins de génie, en créant ou exécutant des œuvres musicales dans ce système. Ces capacités sont-elles exercées au point de vue général de la *relation* des sons, on est apte à manifester la musique ou plastique de l'ouïe; musique qui s'écrit avec des signes spéciaux, et celle qui ne s'écrit pas avec des signes spéciaux : musique des vers, de la prose, etc., etc.

capacités n'existaient pas en germe chez l'homme. la musique, c'est-à-dire les systèmes de musique n'auraient pas de raison d'être.

Un abîme existe entre l'état actif et l'état passif des capacités esthétiques de l'ouïe, abîme infranchissable pour ceux dont les capacités sont médiocrement développées, et surtout pour ceux qui ne les ont pas fécondées par le travail; aussi, ne soupçonnent-ils pas, comment le pourraient-ils avec des capacités esthétiques insuffisamment développées? que les systèmes de musique ne sont que des manifestations plus ou moins satisfaisantes des capacités esthétiques de l'ouïe, existant en germe chez tous les hommes; germe qu'il faut nécessairement féconder pour être apte à les manifester avec plus ou moins de génie. Il y a beaucoup d'appelés et peu d'élus.

Les savants qui se sont occupés de musique n'ont pas le moins du monde soupçonné que les systèmes de musique ne sont que des manifestations plus ou moins satisfaisantes des capacités esthétiques existant en germe chez *tous* les hommes; aussi, n'ont-ils même pas songé à se demander ce que c'est que la musique, quelle en est la source [1], absolument

[1] L'idée de la musique est venue à l'homme par imitation, dit-on quelquefois, et par exemple le chant des oiseaux peut avoir donné l'idée de la musique à l'homme; singulière explication, comme si la source de la musique ou plastique de l'ouïe ne dérivait pas de la nature même de l'homme.

comme si la musique était venue au monde toute seule ; ils se sont bornés à essayer d'expliquer les effets qu'elle produit sur nous. Ainsi Euler, pour ne citer qu'un nom illustre, essaye d'expliquer pourquoi certains accords nous plaisent....

Dites-nous d'abord ce que c'est que la musique. Les systèmes de musique ne se créent pas d'eux-mêmes, sans le concours de l'homme. Lorsque vous aurez découvert que les systèmes de musique ne sont autre chose que la manifestation des capacités esthétiques de l'ouïe existant en germe chez tous les hommes, alors vous pourrez vous occuper utilement des effets de la musique sur l'homme.

L'abîme qui existe entre l'état actif et l'état passif des capacités esthétiques de l'ouïe, marque nettement ce qui s'explique, se comprend en musique, et ce qui est inexplicable. Ce qui s'explique, ce sont les éléments de la musique ou plastique de l'ouïe, ayant leur raison d'être dans les capacités esthétiques de l'ouïe, antérieures et supérieures aux systèmes de musique [1]. Ce qui ne s'explique pas, c'est la mise en œuvre de ces éléments, je veux dire le génie, l'imagination qui, avec ces éléments, crée les systèmes de musique. Il y a là un mystère

[1] Ce qui s'explique encore, ce sont les éléments d'un système, soit le système moderne, ces éléments ayant leur raison d'être dans ce que l'ouïe découvre d'*invariable* dans les œuvres du système. Cela s'explique pourvu qu'on soit musicien, je veux dire qu'il faut être musicien, mais cela ne suffit pas.

impénétrable à la science, qui connaît, comprend, explique.

— Nous avons dit, chapitre E, que, pour créer l'acoustique musicale, science nouvelle, après les travaux importants des savants illustres qui se sont occupés d'acoustique, il fallait découvrir, non pas une planète dans l'espace, mais tout près de nous, en nous, il fallait découvrir les capacités esthétiques de l'ouïe, dont nous faisons usage sans nous en douter. Ici, nous ajoutons qu'il fallait, en outre, découvrir l'abîme qui sépare l'état actif de l'état passif des capacités, afin de comprendre qu'il n'y a qu'un petit nombre d'élus aptes à manifester ces capacités avec plus ou moins de génie, bien que les capacités esthétiques existent en germe chez tous les hommes.

Cette double difficulté a empêché les savants de découvrir les vrais rapports de la science avec la musique, et les a entraînés, à partir de Pythagore, et probablement bien avant lui, à considérer la musique comme une application des sciences physique, mathématique, etc., etc., ou comme ayant sa raison d'être dans ces sciences, tandis que la musique est la manifestation des capacités esthétiques de l'ouïe.

Et les savants, méconnaissant la nature des choses, ont engendré nécessairement le chaos scientifique. La science humaine ne pouvait qu'engendrer le chaos, dès qu'elle méconnait la nature des choses. Avant d'expliquer en détail l'erreur de la science dans ses rapports avec la musique, il est utile de bien s'entendre sur la signification précise du mot *science*.

CHAPITRE VIII.

La science dans ses rapports avec la musique.

La musique, dit-on, est à la fois une science et un art, pour faire entendre que la musique est dans des conditions exceptionnelles à l'égard de la science proprement dite, de la science qui connaît, explique, comprend, démontre....

— Qu'il s'agisse de musique, de mathématiques, de physique, de chimie, de morale, d'esthétique, etc., etc., la science consiste partout et toujours à découvrir les rapports nécessaires dérivant de la nature des choses, c'est-à-dire à travers les phénomènes variables; *connaître* scientifiquement, c'est découvrir le côté invariable, nécessaire, la loi. En dehors de l'invariable des choses il n'y a pas de science. La nature des choses est interdite, inutile à l'homme, mais il peut connaître la loi et surtout l'utiliser à son profit.

Il y a une multitude de rapports possibles en toutes choses; plus l'intelligence est développée, plus l'homme a d'imagination, plus aussi il saisit de rapports plus ou moins ingénieux, originaux, comiques, spirituels, etc.; la science ne s'occupe ou du moins ne devrait s'occuper que des rapports nécessaires ([1]), et il n'y a de nécessaires que les rapports dérivant de la nature des choses. L'animal perçoit le côté *variable* des choses, l'homme seul *connaît* ([2]), c'est-à-dire découvre l'invariable, le nécessaire; parfois la perception de l'invariable peut être en raison inverse de la perfection des organes des sens.

— Ceci admis en principe, voyons quels sont les rapports de la science avec la musique ou plastique de l'ouïe.

([1]) A ce compte, c'est de la science qu'on pourrait dire : rien n'est si commun que le nom, rien n'est si rare que la chose. En effet, en dehors des sciences exactes, y a-t-il beaucoup de sciences reposant sur des rapports vraiment nécessaires?

([2]) *Vulgairement,* connaître, comprendre, c'est voir le côté variable des choses, s'en tenir, comme on dit, à ce qu'on voit matériellement, au témoignage des sens, à la superficie des choses; c'est la connaissance commune à l'animal et à l'homme.

Connaître scientifiquement, c'est découvrir ce qu'il y a d'invariable dans les choses. Qu'est-ce que le vrai en principe? c'est ce qu'il y a d'invariable, de nécessaire dans les choses.

Le mot invariable paraît vague, et pourtant c'est le mot propre; pour vous en convaincre, observez-vous dans votre spécialité : êtes-vous ouvrier menuisier, serrurier, forgeron, tonnelier, etc., etc.; êtes-vous médecin, avocat, etc., etc.; êtes-vous artiste, industriel, etc., etc., observez en quoi consiste votre supériorité personnelle, et vous reconnaîtrez qu'elle consiste toujours à découvrir, sentir, pratiquer, utiliser ce qu'il y a d'invariable, de nécessaire; et, par exemple, l'ouvrier le plus habile n'est-il pas celui qui emploie avec intelligence ses forces, c'est-à-dire qui ne fait que les mouvements nécessaires invariablement et supprime tout ce qui est inutile?

L'art (c'est-à-dire tous les systèmes de musique) étant créé par l'homme, l'homme ne crée pas dans le sens rigoureux du mot, ce serait de rien faire quelque chose ; l'homme crée avec les capacités, les aptitudes dérivant de sa nature ; l'art étant créé par l'homme, disons-nous, c'est dans l'homme qu'il faut découvrir la raison d'être de l'art, je veux dire les capacités esthétiques de l'ouïe, antérieures et supérieures à l'art, ce qu'il y a d'invariable, de nécessaire dans ces capacités.

Un système de musique quelconque n'est pas l'art, ce n'est qu'une manifestation plus ou moins satisfaisante des capacités esthétiques de l'ouïe à telle ou telle époque ; pour établir scientifiquement les éléments d'un système quelconque, c'est-à-dire sa partie invariable, nécessaire, il les faut découvrir dans les œuvres du système, et résumer ces éléments dans une gamme d'après la tonalité du système, comme nous l'avons fait pour le système moderne et le plain-chant. (V. chapitre Ier, les *Éléments du système moderne.*)

Pour établir les éléments antérieurs et supérieurs à tous les systèmes de musique, c'est-à-dire les éléments de la plastique de l'ouïe, c'est dans l'homme, je le répète, dans ses capacités esthétiques, dans ce que l'ouïe perçoit d'invariable dans le son musical, lequel son est exclusivement employé par l'art, qu'il les faut découvrir. (V. chapitre B, ce que l'ouïe perçoit d'invariable dans le son musical.)

— Telles sont les nécessités dérivant de la nature des choses; c'est toujours, on le voit, sur la partie invariable, nécessaire des choses, que repose la science qui connaît, qu'il s'agisse de musique, d'un système de musique, ou bien qu'il s'agisse de physique, chimie, mathématiques, etc., etc. Platon l'a dit : Il n'y a pas de science de ce qui passe....

— Seulement, dès qu'il s'agit de musique, le rôle de la science présente des difficultés sérieuses, presque insurmontables, dans l'état actuel des sciences, puisqu'il faut découvrir les éléments d'un système donné dans les œuvres du système (1), et s'il s'agit de tous les systèmes, c'est-à-dire de la musique ou plastique de l'ouïe, il faut découvrir les éléments antérieurs et supérieurs à tous les systèmes, dans les capacités esthétiques de l'ouïe, capacités échappées aux investigations de la science.... Et comment le savant, s'il n'est pas artiste à quelque degré, c'est-à-dire si ses capacités esthétiques ne sont pas développées et suffisamment exercées, comment pourra-t-il constater en lui les capacités de l'ouïe antérieures et supérieures à tous les systèmes de musique? la partie invariable, élémentaire de ces capacités?...

Il ne les constatera pas, il les soupçonnera peut-

(1) Et comment les découvrir si on n'est pas musicien? Et encore combien y a-t-il de musiciens, parmi les plus éminents, capables d'un pareil effort d'analyse? Ils sentent la musique, et sont, par cela même, peu aptes à analyser leurs sensations.

être, comme l'illustre Euler, ou bien, comme d'Alembert, il affirmera qu'il est impossible d'expliquer pourquoi certains accords nous plaisent; et, méconnaissant la nature des choses, le savant sera entraîné à considérer la musique comme une application des sciences physique, mathématique; et plus il aura de science et d'imagination, et mieux il réalisera le chaos scientifique, la musique n'étant pas l'application d'une science quelconque, mais la manifestation d'une science qui est en nous (capacités esthétiques de l'ouïe); et lorsque cette science se manifeste, elle a un nom; son nom, c'est l'*art* (1).

(1) Tout art, dit M. Destutt de Tracy, repose sur une science; c'est la science qu'il faut découvrir, etc., etc. Il aurait dû ajouter que l'art (forme du beau) fait exception : la science de l'art est en nous, et lorsque cette science, suffisamment exercée par le travail, se manifeste, elle a un nom; son nom, c'est *l'art*. En musique, c'est de toute évidence. Comment découvrir cette science en nous avant sa manifestation, alors qu'elle n'existe qu'à l'état de germe!...

CHAPITRE IX.

§ 1. — Écueil de la science dans ses rapports avec la musique.

Pour beaucoup de gens même éclairés, la science dans ses rapports avec la musique est faite; les auteurs qui se sont occupés de musique au point de vue scientifique, philosophique, sont nombreux et surtout éminents : Pythagore, Képler, Descartes, Euler, d'Alembert, etc., etc.

Du moins croit-on que tout ce qui pouvait s'expliquer est expliqué, ces hommes de génie ayant dû épuiser le sujet. S'il y a des obscurités, elles dérivent de la nature même des choses ; on ne peut pas tout expliquer en musique, le génie, l'imagination du musicien, échappent à la science. Sans doute, en musique comme dans les autres branches des beaux-arts, on ne peut pas tout expliquer; aussi n'est-il question que de ce qui s'explique, et nous disons que, loin d'avoir épuisé le sujet, les savants ne l'ont même pas abordé, ayant méconnu les rapports dérivant de la nature des choses.

L'écueil pour ainsi dire chronique de la science, dans ses rapports avec la musique, est de prétendre expliquer la musique (ou plutôt un système de musique qu'on considère comme la musique), sans tenir compte des capacités esthétiques de l'ouïe [1], absolument comme si les systèmes de musique étaient l'application d'une science quelconque, mathématique, physique, etc., et non la manifestation plus ou moins satisfaisante de ces capacités.

Ainsi, pour bon nombre d'hommes sérieux qui ont étudié les ouvrages scientifiques sur la musique, c'est une chose admise, incontestable, que la

[1] Tous les systèmes, dit M. Fétis, *Traité d'harmonie*, p. 248, ont eu pour principes l'un des quatre ordres de faits suivants : « 1° Résonnance harmonique; 2° progression arithmétique; » 3° construction arbitraire des accords; 4° division arbitraire » du monocorde.

» Il est donc évident que tous ces systèmes découlent plus » ou moins des sources qui ne sont pas intimement liées à la » musique en elle-même, c'est-à-dire à l'art tel qu'il se mani- » feste dans ses résultats immédiats, et que dans tous il a fallu, » jusqu'à un certain point, ajuster cet art au principe étranger » qu'on lui donnait.

» La seule chose à laquelle on n'a point songé directement, » c'est de chercher le principe de l'harmonie dans la musique » elle-même, c'est-à-dire dans la tonalité, etc., etc. »

Seulement distinguons, c'est très-important ici : les divers systèmes n'étant que la manifestation des capacités esthétiques de l'ouïe, c'est en nous et non dans la *musique* qu'il faut d'abord chercher les principes antérieurs à tous les systèmes. Ensuite un système étant donné, par exemple le système moderne, on découvre les éléments du système dans la musique du système.

Cette distinction donne la clef des contradictions apparentes plutôt que réelles qui existent entre les explications de M. Fétis et les miennes.

musique a sa raison d'être dans les mathématiques, les figures géométriques qui se produisent en faisant vibrer certains corps sonores; le son musical soumis au nombre des vibrations, la relation des sons dépendant des rapports des sons, etc., etc., tout le prouve. Oui, sans doute, mais en apparence seulement. Je m'explique.

Les mathématiques s'occupent des propriétés de la grandeur et de la quantité, en tant que mesurables et calculables. Les systèmes de musique ne sont que des manifestations plus ou moins satisfaisantes des capacités esthétiques de l'ouïe; je veux dire que la science de l'art est en nous à l'état de germe (capacités esthétiques de l'ouïe), et lorsque cette science, à l'état de germe, développée et exercée, se manifeste avec plus ou moins d'imagination, de génie, elle a un nom; son nom, c'est *l'art.*

— Où donc est le rapport nécessaire entre la science qui est *en nous,* laquelle en se manifestant crée la musique, et les mathématiques qui s'occupent des propriétés de la grandeur et de la quantité, toutes choses qui sont *hors nous* et que l'intelligence ne fait que découvrir? Il n'y en a pas : la musique et les mathématiques étant de nature différente, et bien autrement différente par nature que le carré et le cercle.

Il est vrai que la convenance et disconvenance des sons, je veux dire la *relation* des sons, dépend du nombre de vibrations dans le même temps;

mais les nombres, ainsi que le phénomène physique analysé chapitre C, ne servent qu'à *constater* (1), à mettre sous nos yeux pour ainsi dire les capacités esthétiques de l'ouïe; les mathématiques ne créent pas les capacités esthétiques de l'ouïe, différemment les plus grands mathématiciens seraient aussi de grands musiciens.

— Qu'on applique les sciences mathématique, physique, etc., à la construction des instruments de musique et au local propre à la musique, cela se conçoit, ces choses sont *hors nous;* il s'agit ici, nous l'avons déjà dit chapitre C, de découvrir la forme du local, ou la forme des instruments la plus favorable à la propagation et à la résonnance du

(1) M. Fétis, du reste, l'avait pressenti lorsqu'il disait, à propos de la gamme moderne, p. 248 de son *Traité d'harmonie :*

« Mais, dira-t-on, quel est le principe de ces gammes, et qui » a réglé l'ordre de leurs sons, si ce ne sont des phénomènes » acoustiques et les lois du calcul? Je réponds que ce principe » est purement métaphysique; nous concevons cet ordre de » phénomènes mélodiques et harmoniques qui en découlent » par une conséquence de notre conformation, de notre édu- » cation. C'est un fait qui existe pour nous, par lui-même, et » indépendamment de toute cause étrangère à nous. Eh quoi! » on ne voudrait pas accorder qu'il a suffi de notre *instinct* » réuni à l'expérience pour poser dans une gamme les bases » des jouissances destinées à notre intelligence, et l'on cher- » chera dans quelques phénomènes acoustiques les causes » secrètes de cette organisation d'une tonalité faite à notre » usage! »

L'instinct musical, dont parle M. Fétis, qu'est-ce sinon les capacités esthétiques de l'ouïe? L'expérience musicale n'est que l'application plus ou moins satisfaisante de ces capacités.

son musical; mais la musique étant créée par l'homme, c'est dans l'homme qu'il faut en découvrir les éléments, le principe.

— La convenance et disconvenance des sons, ou plus exactement la *relation* des sons, dépend, il est vrai, de la simplicité des rapports dans l'unité, et c'est probablement ce qui a entraîné Pythagore et les savants qui l'ont suivi à supposer que le principe de la musique était dans les nombres ; ils n'ont pas réfléchi que la simplicité des rapports dans l'unité est la *condition de la forme* dans les branches diverses des beaux-arts ; qu'il s'agisse de musique, peinture, sculpture, architecture, littérature, etc., etc., la simplicité des rapports dans l'unité engendre la *relation,* qui est la condition, la loi suprême de la forme. Sans relation, pas d'unité ; sans unité, pas de forme, et conséquemment pas d'art.

Seulement, en musique, la simplicité et l'unité des rapports ont l'avantage de pouvoir se constater par des nombres sous nos yeux, tandis qu'en littérature, par exemple, la simplicité des rapports ne saurait être constatée par des nombres.

— Tous les systèmes de musique, si rudimentaires qu'on les suppose, sont soumis aux mêmes lois, à moins de supposer l'absurde, je veux dire des systèmes de musique avec des sons pris au hasard et sans relation.

En terminant, je m'aperçois que voulant prouver

que la musique n'a pas sa raison d'être, son principe dans les mathématiques, mais dans les capacités esthétiques de l'ouïe, j'ai raisonné comme si la science s'était occupée de musique ou plastique de l'ouïe; il n'en est rien vraiment : les savants se sont occupés d'un système de musique quelconque, et, par exemple, les savants contemporains se sont occupés du système moderne, et ont raisonné comme si ce système était la musique ou plastique de l'ouïe, ce qui n'a pas peu contribué à la confusion, au chaos. Un système de musique quelconque n'étant, en effet, qu'une manifestation plus ou moins satisfaisante, à telle ou telle époque, des capacités esthétiques de l'ouïe, ce n'est pas sur un système ancien ou moderne, si perfectionné qu'il soit, que doit reposer la science correspondant à la musique ou plastique de l'ouïe. La science correspondant à la musique ou plastique de l'ouïe, ayant son principe dans quelque chose d'antérieur et supérieur à tous les systèmes, je veux dire dans les capacités esthétiques de l'ouïe.

§ 2.—La physique n'a pas de rapport direct avec la musique, elle n'a de rapport direct qu'avec la construction des instruments de musique et du local propre à la musique. — Explication du quiproquo existant à ce sujet.

L'exécution de la musique exige des instruments et un local convenable, c'est une nécessité de l'art. La musique, les instruments et le local propre à la musique sont dans une dépendance étroite; pour exécuter l'œuvre, bonne ou mauvaise, il faut bien des instruments et un local.

— La construction des instruments de musique implique trois conditions : 1° la bonne résonnance de l'instrument; 2° l'instrument doit contenir les sons élémentaires du système; 3° enfin, il faut bien déterminer le son fixe qui doit servir de base aux autres sons [1].

— Trois conditions exigeant des connaissances de nature très diverses : la physique s'occupe de la résonnance et de tout ce qui s'y rattache. La détermination du son fixe (diapason) implique des connaissances autres que la physique. Quant aux sons élémentaires d'un système quelconque (gamme du système), évidemment la physique n'a rien à y voir, il faut être musicien pratique pour découvrir, dans les œuvres du système, les sons ou plutôt les intervalles élémentaires du système; et encore, nous l'avons déjà dit, y en a-t-il beaucoup, même parmi les musiciens les plus éminents, qui aient songé à analyser les sons élémentaires du système

[1] En établissant la gamme du système moderne (chapitre Ier), nous avons pris pour tonique un son x, faisant un nombre de vibrations dans la seconde représenté par 1. Dès qu'il s'agit de construire des instruments à sons fixes, il faut évidemment déterminer la valeur de x.

dans les œuvres du système ? (V. chapitre Ier, les *Intervalles du système moderne*.

— La construction des instruments de musique comporte, on le voit, des données se rattachant à la physique, et des données se rattachant à la musique. Les données de la musique ou plutôt d'un système de musique, soit le système moderne, sont fournies par les musiciens. Ces données consistent, dans la gamme du système que le physicien accepte aveuglément sans pouvoir la contrôler; comment le pourrait-il, à moins d'être capable, je le répète, d'analyser les éléments du système dans les œuvres du système ?

A la faveur des données du musicien, c'est-à-dire de la gamme du système, introduite empiriquement dans la physique, les physiciens, divisant la gamme, en quelque sorte, par petits morceaux, comme si la gamme était composée d'une série de secondes, se glissent par surprise dans la musique, établissent leur théorie physico-musicale; et c'est ici qu'est le quiproquo, ce n'est pas la théorie physico-musicale, c'est la théorie physico-*instrumentale*, c'est-à-dire les rapports de la physique avec la construction des instruments de musique, et non avec la musique, avec laquelle la physique n'a pas de rapport direct, puisque la physique s'arrête, dit Pouillet, au point où les phénomènes physiques cessent, c'est-à-dire dès que le nerf acoustique est frappé, précisément au moment où apparaissent les capacités esthétiques de l'ouïe, créatrices de l'art, capacités qu'il faut développer, exercer, pour être apte à les manifester.

La physique n'a pas de rapport direct avec la musique, manifestation des capacités esthétiques de l'ouïe; seulement, comme pour exécuter la musique il faut des instruments et un local, la physique, qui s'occupe des propriétés physiques du son musical: rapports des vibrations avec la longueur, le poids, la tension de la corde, etc., etc., propagation du son musical dans les divers milieux, réflexion, résonnance, etc., etc.; la physique a un rapport direct avec la construction des instruments de musique et le local propre à la musique.

— La science complète du son musical embrasse la science du son musical *en nous* et *hors nous*. La science du son musical hors nous, c'est-à-dire des propriétés physiques du son musical, correspond à la construction des instruments de musique et du local propre à la musique. Aussi, on peut utiliser cette science avec plus ou moins de génie, comme facteur d'instruments ou architecte, en construisant un local ou des instruments de musique, dans des conditions satisfaisantes, sans être le moins du monde musicien.

La science du son musical *en nous* repose sur les capacités esthétiques de l'ouïe, qu'il faut exercer pour être apte à les manifester, c'est-à-dire pour être musicien; on peut être excellent musicien et ignorer complètement la science hors nous, correspondant à la construction des instruments et du local propre à la musique.

— La science du son musical hors nous n'a de rapport direct qu'avec la construction des instruments de musique et du local propre à la musique; c'est évident, mais à défaut de preuves scientifiques, ce qui suffirait assurément pour prouver que la physique n'a pas de rapport direct avec la musique, c'est que la gamme qu'on trouve dans les traités de physique, n'est pas la gamme du système moderne (il est impossible aux physiciens de vérifier le fait, à moins d'être capables, je le répète, d'analyser les éléments du système moderne dans les œuvres du système) (1); c'est la gamme d'un système, qui existait peut-être il y a trois ou quatre cents ans, elle n'a pas de *sensible*, ou plutôt elle en aurait deux; le système s'est lentement transformé, et les physiciens ne s'en sont pas aperçus; comment ne s'en seraient-ils pas aperçus, si réellement il y avait un rapport direct entre la musique et la physique? Et ce qu'il y a de plus curieux, c'est qu'ils appliquent à cette gamme d'origine douteuse les raisonnements relatifs aux dièses, bémols, tempérament, etc., etc., applicables au système moderne. De sorte que la théorie physico-instrumentale ne correspond même pas au système moderne.

(1) Voir les intervalles élémentaires du système, chapitre Ier.

La physique n'a pas de rapport direct avec la musique; c'est l'acoustique musicale, science nouvelle, reposant sur la science du son musical *en nous,* qui est en rapport direct avec la musique.

Le trait d'union entre la physique et l'acoustique musicale est naturellement l'acoustique des facteurs d'instruments et des architectes, science à créer.

— Qu'importe, dira-t-on peut-être, que l'acoustique physique n'ait pas de rapport direct avec la musique ? C'est très important : les physiciens s'égarent et nous égarent en s'occupant de musique, avec laquelle la physique n'a pas de rapport, et ils laissent de côté l'acoustique des architectes et des facteurs d'instruments de musique qui, je le répète, est encore à créer, malgré les travaux existant en physique.

§ 3. — Livres qui s'occupent de musique à divers points de vue.

Il est utile de dire quelques mots des livres qui s'occupent de musique à des points de vue différents, afin de séparer le bon grain de l'ivraie.

Il y a d'abord les ouvrages pratiques des maîtres dans un système donné, soit le système moderne : Traités d'harmonie, de composition, solféges, méthodes, etc., etc. Les maîtres, dans ces livres, manifestent la science pratique du système qui leur est familier ; leur autorité, leur expérience pratique, s'imposent avec ou sans explications. Il ne s'agit pas de comprendre, connaître, mais de sentir et faire sentir la manière d'être du système. Dans cette catégorie sont les ouvrages de Reicha, Choron, Fétis, etc., etc., pour ne citer que les noms les plus éminents.

Plus tard, d'autres maîtres expliquent, justifient d'une manière plus ou moins satisfaisante les exemples donnés par les maîtres : c'est la théorie du système contenant les éléments du système, résumés, condensés dans la gamme du système, ou du moins qui devrait s'y résumer d'après nous. Mais il ne faut pas l'oublier, cette théorie a sa raison d'être, ses racines dans quelque chose d'antérieur et supérieur aux systèmes, je veux dire les capacités esthétiques de l'ouïe.

En dehors de ces ouvrages essentiellement pratiques, spéciaux à tel ou tel système de musique, et qui ne peuvent être appréciés que par les musiciens possédant des notions suffisantes d'harmonie, des hommes de lettres, des littérateurs, s'occupant de la musique en artistes, font de l'art à propos de la musique, comme ils font de l'art à propos de la peinture, sculpture, architecture, etc.; et suivant que leur instinct artistique est plus ou moins développé, leurs écrits donnent une idée plus ou moins élevée de l'art; ils n'ont pas la prétention d'expliquer le côté pratique de l'art, ils expriment leur sentiment sur l'art; en un mot, ils font de l'esthétique.

Enfin, les savants s'occupent de la musique dans ses rapports avec la science, c'est-à-dire de ce qui est susceptible d'être expliqué, compris en musique.

Disons-le tout de suite, la science dans ses rapports avec la musique a commis une erreur (1), mais une erreur capitale : elle a méconnu les rapports nécessaires dérivant de la nature des choses; et dès que la science méconnaît les rapports nécessaires, elle engendre fatalement l'erreur, le chaos scientifique. Je m'explique :

L'art est créé par l'homme; c'est dans l'homme, dans ses capacités esthétiques, qu'il faut nécessairement découvrir la raison d'être de l'art : telles sont les nécessités dérivant de la nature des choses. Méconnaissant ces nécessités, les savants ont essayé d'expliquer la musique, sans s'occuper le moins du monde des capacités esthétiques de l'ouïe, créatrices de l'art.

Dans ces conditions, il est facile, sans lire les ouvrages scientifiques qui expliquent la musique,

(1) C'est trois erreurs capitales que je devrais dire : 1° la science a méconnu les rapports nécessaires dérivant de la nature des choses, je l'explique ci-dessus; 2° elle a pris un système de musique, soit le système moderne, pour la musique ou plastique de l'ouïe; 3° la gamme des traités de physique, que la science prend pour la gamme du système moderne, 'est pas la gamme du système moderne.

de prévoir ce qui a dû arriver ; ils ont tout dit, tout, excepté ce qu'il fallait dire ; ils ont découvert et présenté avec habileté, imagination, des rapports plus ou moins spécieux de la musique avec la science ; mais non pas les rapports nécessaires, car il n'y a de nécessaires que les rapports dérivant de la nature des choses.

C'est qu'il ne suffit pas d'être homme de science et même illustre, pour s'occuper utilement des rapports de la science avec l'art, il faut en même temps être artiste. Comment, en effet, saisir le vrai rapport entre deux choses de nature différente, sans connaître l'une et l'autre chose au même degré ! Si on ne connaît que l'élément scientifique *hors nous*, et point du tout l'élément artistique *science en nous*, ou du moins si ces deux éléments ne sont pas développés au même degré en équation, on s'expose à établir scientifiquement, et logiquement, des rapports absurdes, impossibles. Les explications scientifiques seront logiques, mais ce sera de la logique partant d'un point faux pour aboutir à un point faux.

Exemple : la musique ou plastique de l'ouïe n'est pas l'*application*, comme on le suppose généralement, d'une science quelconque, mathématique, physique, etc., etc., la musique est la *manifestation* d'une science innée en nous ; et lorsque cette science se manifeste en créant des systèmes de musique ou des œuvres musicales dans un système établi, cette science a un nom; son nom, c'est l'*art*.

Si on considère la musique ou plastique de l'ouïe comme une *application* d'une science quelconque, physique, mathématique, etc., etc., on part d'un point faux, et on aboutit logiquement, scientifiquement, à un rapport faux, parce qu'on méconnaît la nature des choses.

Autre exemple : il s'agit ici d'un système de musique donné, soit le système moderne. La gamme des traités de physique n'est pas la gamme du système moderne : voilà le point faux. Les physiciens ne peuvent vérifier le fait, à moins d'être capables d'analyser les éléments du système dans les œuvres du système.

Appliquant à cette gamme introduite empiriquement dans la physique les raisonnements relatifs aux dièses, bémols, tempérament, etc., enfin ce qui constitue la théorie physico-musicale, il est évident que, partant d'un point faux, on ne saurait aboutir qu'à un point faux, et plus on a de science, plus sûrement on réalise le chaos scientifique.

— Et ce qu'il y a de fort curieux, c'est que le savant ne s'aperçoit pas, ne peut pas s'apercevoir que l'explication ne correspond pas au système moderne, à moins, je le répète, d'être capable d'analyser les éléments du système moderne dans les œuvres du système.

Naturellement, le lecteur s'aperçoit encore moins

que le savant, que l'explication ne correspond pas à l'art; il comprend des mots, il suit les raisonnements mathématiquement établis; et s'il ne saisit pas mieux les rapports de la science avec la musique, il suppose naturellement que la musique ne comporte pas d'explications plus claires, peut-être un musicien habile comprendrait-il mieux; il se trompe, le musicien habile ne comprendrait pas mieux que lui, par la bonne raison que la science ne correspond pas à l'art.

L'art et la science manifestent la double intelligence de l'homme : intelligence ou aptitude à connaître et sentiment. Un abîme sépare ces deux aspects de l'intelligence humaine; aussi le savant ne voit pas que son explication ne correspond pas à l'art. De leur côté, les musiciens créent l'art sans se préoccuper des explications plus ou moins satisfaisantes de la science, souvent même sans les soupçonner, et l'art marche et progresse sans s'occuper le moins du monde si la science correspond ou ne correspond pas à l'art.

Seulement, nous ne saurions trop le redire, ce qu'il y a de fâcheux à ce que la science ne corresponde pas à l'art, c'est que, méconnaissant les vrais rapports de la science avec l'art, les physiciens s'égarent et nous égarent inutilement dans la musique, avec laquelle la physique n'a pas de rapport direct, au lieu de s'occuper d'appliquer les découvertes de la physique à la construction des instruments et du local propre à la musique, qui ont un rapport direct avec la physique et les mathématiques.

Maintenant que nous avons protesté contre le chaos de la science dans ses rapports avec l'art, nous allons aborder la musique et essayer d'expliquer ce qui est explicable, d'après les rapports dérivant de la nature des choses.

MUSIQUE OU PLASTIQUE DE L'OUIE.

CHAPITRE X.

Définition de la musique.

Qu'est-ce que la musique? quelle en est la source?

On définit habituellement la musique, l'art de combiner les sons d'une manière agréable à l'oreille. Avant de définir ainsi le but de l'art, au moins faudrait-il dire ce que c'est que la musique, quelle en est la source, la musique n'étant pas venue au monde toute seule; c'est là une singulière définition de la musique, qui, du moins, a l'avantage de constater indirectement l'existence des capacités esthétiques de l'ouïe. La musique, dit-on, est aussi l'art d'émouvoir par la combinaison des sons..., et la musique guerrière, la musique dansante, est-ce l'art d'émouvoir.... les jambes?

Les anciens donnaient au mot musique un sens beaucoup plus étendu que celui qui lui reste aujourd'hui; sous ce nom, ils comprenaient non seulement la danse, le geste, la poésie, mais l'art oratoire même; c'était en quelque sorte pour eux l'unité de tous les rapports, l'ensemble de toutes les sciences, l'harmonie de tous les phénomènes, l'ordre enfin (1).

Généralement, l'idée qu'on se fait de la musique dépend du système qu'on a en vue, et du génie des auteurs qui ont écrit dans ce système; aussi les définitions sur la musique sont-elles très diverses, et toutes contestables, dès qu'elles reposent ainsi, non pas sur la musique, mais sur tel ou tel système de musique (2). Un système de musique, si perfectionné qu'on le suppose, n'est pas la musique, ce n'est qu'une manière plus ou moins satisfaisante de comprendre la musique à telle époque, suivant le temps, les lieux, le plus ou moins de génie des musiciens, etc., etc. En outre, le même système progresse, se transforme, absolument comme la littérature se transforme, suivant le génie des écrivains d'une époque, et par exemple, notre sys-

(1) « La musique, suivant Lamennais, était pour l'antiquité » l'expression de l'ordre en toutes choses, embrassant l'univers » entier; elle comprenait tout ce qui procède selon des lois » constantes, tout ce qu'enchaînent des rapports que peuvent » saisir le sens et l'esprit, l'harmonie des phénomènes physi- » ques, des mouvements des astres qui s'accomplissent suivant » des proportions régulières des nombres, et forment de sphère » en sphère comme un vaste concert céleste, etc., etc. »

(2) Probablement la meilleure définition est de saint Chrysostome : « La musique est une suite de sons qui s'appellent » et s'enchaînent. »

tème depuis Claude Monteverde s'est transformé [1] et les définitions avant ou après cette transformation auraient été bien différentes.

D'ailleurs, nous le répétons, il ne s'agit pas de définir l'art, les yeux fixés sur tel ou tel système de musique, il s'agit de dire ce que c'est que la musique d'après les rapports dérivant de la nature des choses, je veux dire de la définir les yeux fixés sur ce qu'il y a d'invariable dans tous les systèmes de musique; la source, l'origine de la musique découverte, nous pourrons apprécier le but de l'art d'après les éléments de l'art....

— Quelles que soient les explications des philosophes et des savants sur la musique; quelle que soit la manière de voir, de comprendre et de pratiquer la musique par les musiciens dans le passé ou l'avenir; la musique, je veux dire tous les systèmes de musique ne sont que des manifestations plus ou moins satisfaisantes des capacités esthétiques de l'ouïe, capacités existant en germe chez tous les hommes, capacités qu'il faut nécessairement exercer par le travail pour être apte à les manifester avec plus ou moins de génie, d'imagination; il y a beaucoup d'appelés et fort peu d'élus.

— La musique étant la manifestation des capacités esthétiques de l'ouïe, il est évident que si le

[1] Par l'introduction d'un simple petit intervalle de demi-ton (rapport 16 à 17).

musicien n'a pas l'intelligence suffisamment développée en dehors des capacités esthétiques de l'ouïe ; s'il n'a ni imagination ni génie, la musique ne sera pour lui que l'art de combiner les sons pour flatter l'oreille, peut être encore moins que cela ; on conçoit, en effet, que la capacité existant en germe peut avoir été développée et exercée dans le jeune âge, et s'allier à une médiocre intelligence.

— Si, au contraire, le musicien a l'intelligence développée, s'il a de l'imagination, du génie, le rôle de la musique ne se bornera pas à flatter l'oreille; la musique sera pour lui une langue manifestant, avec ou sans le secours des idiomes, les sentiments de l'homme à l'homme au point de vue du beau ; langue riche ou pauvre suivant le génie du musicien; avec la même échelle de sons dans le même système, la puissance d'action, le but de l'art sera toujours subordonné au plus ou moins de génie du musicien, absolument comme pour la peinture, la littérature, etc., etc., les mêmes couleurs, les mêmes mots servent aux peintres et aux écrivains de génie, et aux peintres et écrivains vulgaires.

Aussi, pour se faire une idée rationnelle de la puissance de l'art, du but de l'art, faut-il, sans se préoccuper du plus ou moins de génie des musiciens, ou de tel ou tel système de musique, apprécier cette puissance, d'après les éléments de la musique et leur universalité.

CHAPITRE XI.

Universalité de la musique d'après ses éléments.

Les éléments de l'art sont bien simples : intonation des sons et durée des sons. L'intonation (degré d'acuité ou de gravité des sons) dépend, toutes choses égales d'ailleurs, du nombre de vibrations dans le même temps ; plus il y a de vibrations, moins elles durent.

— La durée des sons dépend, toutes choses égales d'ailleurs, du nombre de sons, je me trompe, la durée des sons ne dépend pas du nombre des sons, c'est la *durée* qui détermine et gouverne le nombre.

— Avec ces deux éléments : durée et intonation des sons, éléments existant invariablement dans tout système de musique si rudimentaire qu'on le suppose, à moins d'imaginer un système de musique quelconque, avec des sons sans durée ni intonation ; avec ces éléments, disons-nous, le musicien crée une langue riche ou pauvre, suivant qu'il a plus ou moins d'imagination, de génie.

Intonation des sons : La relation des sons au point de vue de l'intonation, comprise dans l'unité,

engendre ce qu'on appelle le *dessin* en musique, sans doute à cause de la configuration des notes sur la portée.

Durée des sons : La relation des sons au point de vue de la durée, comprise dans l'unité, engendre le rhythme. Qu'est-ce que le rhythme ? Le tambour bat le rhythme, le galop du cheval est un rhythme, la charge est un rhythme (on pourrait l'appeler le rhythme n° 1 ou premier). En résumé, le rhythme, c'est la mélodie jouée avec une intonation identique.

Le rhythme et le dessin existent à quelque degré dans tout système de musique, à moins de supposer l'absurde, je veux dire, un système de musique avec des sons sans relation de durée, ni d'intonation.

La mélodie [1] où le rhythme domine, s'adresse directement aux mouvements volontaires de

[1] Le mot *mélodie* a diverses acceptions : il signifie simplement ici que les sons sont émis successivement.

— Les sons sont-ils émis successivement, c'est la mélodie; sont-ils émis simultanément, c'est l'harmonie, ce qui ne signifie nullement qu'il n'y a pas d'harmonie dans la mélodie. Seulement, dans la mélodie, la relation des sons est comprise successivement ; dans l'harmonie, la relation des sons est comprise simultanément. Pour la facilité des explications, nous ne nous occuperons que de la mélodie, c'est le cas le plus simple et le plus accessible à l'intelligence de tous.

L'harmonie et le rhythme paraissent être inhérents à l'homme, a dit Aristote. Le mot harmonie ici s'applique à l'*intonation* des sons émis successivement ou simultanément.

l'homme : danse, marche, etc., etc., et indirectement aux mouvements non soumis à la volonté. La mélodie où le dessin domine, s'adresse à la partie immatérielle de l'homme, au cœur, aux sentiments, c'est la musique dite expressive.

Comment s'opère ce prodige ? Bien simplement : Le son, avons-nous dit, chapitre A, est le mouvement perçu par l'ouïe. Si la définition est vraie, l'influence universelle de la musique sur l'homme est facile à expliquer : en effet, que les capacités esthétiques de l'ouïe soient ou non développées, dès qu'elles existent à l'état de germe, l'influence de la musique s'exerce sur l'homme, malgré lui et à son insu ; par le sens de l'ouïe, la musique s'adresse directement ou indirectement à tout ce qui a vie, mouvement dans l'homme.

Exemple : le sentiment étant de sa nature un mouvement pour ou contre, la musique considérée comme langue est susceptible d'exprimer les sentiments de l'homme à l'homme, au point de vue du beau; langue parlée par des natures d'élite, il y a peu d'élus ; langue correspondant non pas aux besoins matériels, vulgaires, aux sciences, etc., etc., mais langue correspondant aux sentiments, à ce qu'il y a d'invariable dans le sentiment, le *mouvement ;* langue riche ou pauvre, suivant le plus ou moins de génie des musiciens.

Dès que la musique est avec paroles, la parole spécifie pour ainsi dire le sentiment, la musique gagne en clarté ce qu'elle perd en universalité; pour comprendre [1] les paroles, ne faut-il pas, en effet, connaître l'idiome.

Autre exemple : s'agit-il des mouvements matériels soumis à la volonté ? La puissance de la musique au moyen du rhythme est directe sur les mouvements *volontaires* : marche, danse, gymnastique, etc., etc. ; les animaux même, du moins certains animaux, subissent l'influence du rhythme, il excite, soutient la marche des animaux et de

[1] Lorsque la musique est avec paroles, on peut la considérer comme dépendante ou indépendante de l'idiome : dépendante, elle ne fait que dilater pour ainsi dire le germe musical de l'idiome dans un milieu harmonieux. Telle était probablement la musique des Grecs.

Indépendante de l'idiome, la musique existe par elle-même; le musicien de génie crée des rhythmes et des dessins, un idéal mélodique propre à exprimer les *sentiments* des paroles; cet idéal mélodique communique le mouvement, la vie aux paroles, et présente les sentiments par leur beau côté. Mais souvent, sans nul souci de la relation des paroles et de la musique, on adapte des paroles à une musique qui n'a pas été faite pour les paroles et *vice-versa*. Si les vers sont beaux, réunissant le son, le titre, le poids, il faut nécessairement mettre d'accord la musique des vers avec le système de musique; et, dans ce cas, subordonner la musique aux paroles, c'est-à-dire se borner à dilater la musique des vers, la mettre aux proportions du système musical. La véritable poésie porte avec elle la musique qui lui est propre; aussi faut-il être très habile pour mettre avec succès de beaux vers en musique; les vers moins poétiques, mais pourtant dans de bonnes conditions, laissent une plus grande liberté d'action au musicien de génie pour créer un idéal mélodique.

l'homme, en stimulant sans doute la force productrice du mouvement (1).

Indirectement le rhythme et le dessin ont une influence sur les mouvements internes non soumis à la volonté.

La puissance de la musique est immense, universelle, parce que ses éléments sont universels, de tous les temps, de tous les lieux (et remarquez qu'avec intention nous n'avons pas parlé de l'*imitation* qui n'est qu'un moyen de l'art) (2), puissance n'ayant d'autre limite que les limites mêmes du génie du musicien ; son action physiologique et sentimentale sur l'homme dérivant de la nature

(1) Les écrivains qui ont prétendu que le système moderne, par exemple, est incompris par les Chinois ou tel autre peuple plus ou moins civilisé, ont peut-être raison pour l'harmonie, mais la mélodie est universelle; elle envahit par le rhythme et le dessin tout ce qui a mouvement, vie dans l'homme.

(2) L'imitation n'est qu'un moyen de l'art assez restreint, et pourtant, ne songeant guère qu'à l'imitation, des écrivains, comparant la musique aux diverses branches des beaux-arts, disent que la musique ne saurait exprimer ceci ou cela, tandis que telle branche de l'art a un domaine plus étendu, par exemple la peinture, etc., etc. La supériorité ou l'infériorité de la musique, comparée à telle ou telle autre branche de l'art, est impossible à établir d'une manière raisonnable; ce n'est pas la branche de l'art qui est inférieure ou supérieure, c'est le génie de l'artiste qui est borné. Tout ce qu'on peut dire, c'est que l'action de la musique sur l'homme est immense, universelle; pourquoi? parce qu'elle s'adresse par le sens de l'ouïe à tout ce qui a mouvement, vie, âme dans l'homme, en d'autres termes, aux mouvements matériels et immatériels.

même de l'homme [1] envahit, s'adresse, nous le répétons, à tout ce qui a mouvement, vie, âme dans l'homme : mouvements volontaires, marches, danses, etc., etc., mouvements involontaires correspondant à la vie organique ; mouvements de l'âme (sentiments). La musique est susceptible en outre d'exprimer l'ordre, l'harmonie de l'univers, parce que le son musical étant le mouvement perçu par l'ouïe, la musique n'est que l'ordre et l'harmonie perçus par l'ouïe. Nous avons dit, chapitre X, que, pour l'antiquité, la musique était l'expression de l'ordre en toutes choses, embrassant l'univers entier, l'harmonie des phénomènes physiques, des mouvements des astres, etc., etc.; nous verrons, au chapitre suivant, comment Kepler a pu être amené à chercher la raison harmonique des mondes dans les rapports harmoniques des sons.

Seulement, pour se faire une idée rationnelle de la puissance immense de la musique sur l'homme,

[1] Quelques personnes étant incapables de reproduire avec la voix la mélodie qu'elles entendent, ou même ne pouvant danser en mesure, s'imaginent que la musique est sans influence sur elles, en d'autres termes que la capacité musicale fait défaut; c'est une erreur. Il y a ici deux phénomènes parfaitement distincts : la capacité de l'ouïe et la *manifestation* de cette capacité. Pour être apte à manifester cette capacité, il faut nécessairement habituer l'organe vocal, les jambes à obéir à la volonté, les soumettre à la volonté; seulement il y a des personnes chez lesquelles cette obéissance est plus ou moins facile à obtenir.

il ne faut pas se préoccuper de tel ou tel système de musique, qui n'est qu'une manière plus ou moins satisfaisante de comprendre l'art à une époque, suivant les temps, les lieux, le plus ou moins de génie des musiciens; embrassant par la pensée tous les systèmes, et ne songeant qu'aux éléments de l'art, il faut n'avoir en vue que la musique ou plastique de l'ouïe; je veux dire toute relation perçue par l'ouïe, au point de vue de la durée et de l'intonation des sons : musique des vers, musique de la prose, musique qui s'écrit avec des signes spéciaux, musique qui n'a pas de signes spéciaux, musique ayant des instruments de musique, musique sans instruments, etc., etc., en un mot, la plastique de l'ouïe.

CHAPITRE XII.

Les conditions de la forme sont les mêmes en musique que dans les autres branches des beaux-arts.

Avant d'entrer dans les explications à ce sujet, constatons les éléments de la forme dans le son musical.

Une corde, convenablement disposée, produit un son principal et d'autres sons très faibles, dits *harmoniques*. (Voir, chapitre C, la décomposition du son musical.) Les physiciens expliquent la production des harmoniques par la division de la corde dans sa longueur.

L'acoustique musicale, nous ne l'oublions pas, ne s'occupe que du son musical *en nous;* néanmoins, sans entrer dans le domaine de la physique, nous ne pouvons nous empêcher de constater ici que la corde pincée produisant les harmoniques a une forme, forme cylindrique.

Si, par la pensée, nous considérons cette forme, ou plutôt cette courbe, comme composée d'une série de petites courbes, il est évident qu'à chaque oscillation (la vibration se compose de deux oscillations, mouvement pour aller et revenir), la corde imprimant, *moulant* sa forme dans l'air à droite et à gauche du point de tension, ces petites courbes produiront une série de sons très faibles, dits *harmoniques*, absolument comme si ces petites courbes formaient autant de corps sonores séparés, vibrant simultanément.

La production des harmoniques par la forme n'exclut nullement l'explication des physiciens; c'est le même phénomène envisagé à des points de vue différents : au point de vue de la physique et au point de vue de l'esthétique; les deux explications se complètent : celle des physiciens correspond à la division de la corde dans sa longueur; la mienne correspond, s'applique à la forme de la corde; la corde pincée, dont il est ici question, n'a-t-elle pas une longueur et aussi une forme?

Si la corde pincée était informe, il est probable que les harmoniques seraient autres, il y aurait confusion; les harmoniques produits par la longueur et les harmoniques engendrés par la forme, au lieu de se fondre dans une harmonieuse unité pour produire un son musical satisfaisant, ces harmoniques produiraient un son musical, mais de qualité inférieure; et l'observation est rigoureusement vraie, soit qu'on considère le son musical comme la *résultante* des harmoniques, ou comme engendrant les harmoniques.

Ceci dit principalement pour attirer l'attention des physiciens sur l'influence de la forme dans les phénomènes acoustiques, afin d'arriver à créer l'acoustique des architectes et des facteurs d'instruments de musique, nous ferons remarquer que dans l'hypothèse de la production des harmoniques par la forme du corps sonore, le son musical de la corde pincée manifeste *sa forme* au sens de l'ouïe, forme cylindrique contenant les éléments de toute forme, identité dans la variété.

— Et en supposant que les expériences ultérieures des physiciens démontrassent que la forme du corps sonore n'a aucune influence sur la production des harmoniques, ce qui nous paraît impossible, le son musical n'en contiendrait pas moins dans ses flancs les éléments de la forme, les harmoniques produits, à quelque cause qu'on les attribue, étant dans des rapports simples et dans l'unité avec le son principal. *Unité*, c'est-à-dire identité dans la variété ; c'est la condition de la forme pour les yeux, les oreilles, l'intelligence, etc., etc.

Voyons maintenant comment les éléments de la forme, constatés dans le son musical, réalisent la forme esthétique pour le sens de l'ouïe.

Le son musical manifeste au sens de l'ouïe les éléments de la forme *condensés, résumés* dans le rayon sonore (son musical et harmoniques), comme le rayon lumineux décomposé par le prisme de Newton résume, condense les couleurs élémentaires ; mais, hâtons-nous de le dire, la musique ou plastique de l'ouïe n'a pas sa raison d'être dans le rayon sonore, pas plus que la peinture n'a sa raison d'être dans le rayon lumineux. Le rayon sonore ne pourrait donner l'idée de la musique à qui que ce soit. Le son musical ne sert ici qu'à constater par des nombres, démontrer géométriquement, pour ainsi dire, les capacités esthétiques de l'ouïe.

La manifestation de ces capacités, avec plus ou moins de génie, d'imagination, crée la musique, je veux dire la mélodie, qui n'est autre chose que la forme dans le temps pour le sens de l'ouïe (nous ne nous occupons que de la mélodie, nous l'avons déjà dit, c'est le cas le plus simple et le plus accessible à tous). La manifestation de ces capacités dans le temps crée la forme, disons-nous, pour le sens de l'ouïe, en employant les sons produits par le rayon sonore, dans les conditions de toute forme. Sans relation, pas d'unité; sans unité, pas de forme [1], et conséquemment pas d'art, que l'art s'adresse aux yeux, à l'oreille, à l'intelligence, etc., etc. La condition de la forme ne saurait être autre pour la musique que pour les autres branches des beaux-arts; bien mieux, le son musi-

[1] Le rayon sonore manifeste les éléments de la forme condensés, résumés dans la forme géométrique (identité dans la variété). En employant ces éléments avec génie et imagination dans le temps et l'espace, on réalise la forme. Ainsi les éléments de la forme (beaux-arts) auraient leurs racines dans la forme géométrique.

cal étant le mouvement perçu par l'ouïe, le sens de l'ouïe perçoit la forme *pure* dans le temps, comme si elle existait en dehors des corps qu'elle anime, puisque l'ouïe ne perçoit ni la matière ni la forme dans l'espace. Dans toute mélodie, si primitive, si rudimentaire qu'on puisse l'imaginer, il y a relation, unité à quelque degré, et conséquemment forme pour le sens de l'ouïe, à moins d'admettre l'absurde, je veux dire une mélodie avec des sons pris au hasard et sans relation. D'instinct, guidé par les capacités esthétiques de l'ouïe innées en lui, l'homme, si primitif qu'on le suppose, a employé les sons dans une certaine relation, soit de durée, soit d'intonation. Plus tard, les systèmes de musique étant établis, ce qui suppose une civilisation avancée, l'homme est obligé d'exercer les capacités esthétiques de l'ouïe d'après la tonalité ou manière d'être du système, pour être apte à créer la forme mélodique dans les conditions du système. Comment concilier les explications qui précèdent sur la forme en musique, avec l'idée que se faisaient les anciens de la musique (V. chapitre X), et ce que disait, il y a déjà plusieurs années, M. Th. de Banville dans la préface d'une *Acoustique nouvelle*, par A. Lucas :

« En voulant, d'après Platon, chercher la raison » harmonique des mondes dans les rapports har- » moniques des sons, Kepler, par une erreur sin- » gulière, mais en quelque sorte providentielle,

» fut amené à trouver ses lois astronomiques, gloire » éternelle de l'esprit humain. Il était si pénétré à » la fois de son invention et des difficultés qu'il » trouverait à se faire comprendre, qu'il écrivit en » tête de son harmonie du monde, ces paroles pro- » phétiques, où éclatent la superbe résignation du » génie sûr de lui-même :

» Le sort en est jeté. J'écris mon livre, il sera lu » par l'âge présent ou par la postérité, peu m'im- » porte, il pourra attendre son lecteur. Dieu n'a- » t-il pas attendu six mille ans un contemplateur de » ses œuvres ? »

Pour comprendre comment Kepler a pu être amené à chercher la raison harmonique des mondes dans les rapports harmoniques des sons, quelques explications sont indispensables.

Les éléments de l'harmonie sont les mêmes que ceux de la mélodie : durée des sons et intonation des sons; seulement, dans l'harmonie, ces éléments sont produits simultanément; le son musical étant le mouvement perçu par l'ouïe, il arrive que, dans l'harmonie, les sons étant émis simultanément, le sens de l'ouïe perçoit en réalité plusieurs mouvements, leur durée dans le temps et la vitesse des vibrations dans le même temps (chaque son musical faisant un nombre de vibrations dans la seconde, a un mouvement qui lui est propre comme les planètes).

Si le son musical est réellement le mouvement

perçu par l'ouïe, le sens de l'ouïe perçoit dans l'harmonie les mouvements, leur durée et la *relation* ou harmonie de ces choses dans le temps.

Les mondes se meuvent dans le temps et l'espace, et il est certain que ces mouvements ne se font pas au hasard et sans relation; et la relation, qu'il s'agisse de l'harmonie céleste ou de l'harmonie des sons, implique toujours simplicité de rapports et unité, c'est la condition de toute harmonie céleste ou humaine; simplicité de rapports qui se constate par des nombres dans l'harmonie céleste comme dans l'harmonie des sons. Aussi n'est-il pas étonnant que Kepler ait cherché la raison harmonique des mondes dans les rapports harmoniques des sons.

— Seulement il ne faut pas oublier que la musique ou plastique de l'ouïe s'adresse au sens de l'ouïe, et l'harmonie céleste à l'intelligence; et puis, pour comparer les deux harmonies, il ne faut pas avoir en vue tel ou tel système de musique, mais la musique ou plastique de l'ouïe [1]. Dans ces con-

[1] Ainsi la décomposition du rayon sonore, chapitre C, nous fournit les intervalles (rapports des sons) de la musique ou plastique de l'ouïe, je veux dire les intervalles de tous les systèmes de musique, et nous allons voir qu'il y a analogie entre le rapport des sons et l'harmonie céleste.

Dans la décomposition du rayon sonore, si aux nombres 1, 2, 4, 8, 16, 32, qui ne sont que des octaves ou *redoublements* du son fondamental faisant un nombre de vibrations représenté par 1, nous ajoutons (ainsi que nous l'avons fait, chapitre C)

ditions, il est certain que l'harmonie perçue par le sens de l'ouïe ne peut être autre que l'harmonie perçue par l'intelligence, différemment il y aurait contradiction entre le sens de l'ouïe et l'intelligence, ce qui est inadmissible, surtout pour un sens comme le sens de l'ouïe, qui perçoit la partie immatérielle des choses, je veux dire le *mouvement* comme s'il existait en dehors de la matière qu'il anime, pour un sens qui n'a pas intérêt à tromper

le nombre constant 1, nous aurons les intervalles élémentaires de tous les systèmes, je veux dire la série des rapports de plus en plus petits (tous les rapports étant contenus entre 1 et 2).

Loi de Titius, dite loi de Bode, astronome allemand : « En » ajoutant aux nombres 0, 3, 6, 12, 24, 48, 96, 192, dont la loi » est facile à saisir, le nombre constant 4, on obtient 4, 7, 10, » 16, 28, 52, 100, 196, qui expriment la distance du soleil aux » planètes : Mercure, Vénus, la Terre, Mars, Cérès, Jupiter, » Saturne et Uranus. A l'époque où cette loi fut signalée, on » remarquait une lacune entre Mars et Jupiter, et on avait » conjecturé qu'il pouvait bien exister une planète dans cet » intervalle. Cette prévision reçut une confirmation singulière » lorsqu'on découvrit quatre nouvelles planètes au lieu d'une » que l'on soupçonnait (Cérès, Pallas, Junon, Vesta). La décou- » verte d'Uranus est aussi postérieure à la loi de Bode, et en a » donné une confirmation non moins singulière.

» Les satellites de Jupiter sont arrangés suivant une loi » analogue, car en ajoutant 3 aux nombres de la série 3, 6, » 12, 24, on trouve 6, 9, 15, 27, qui expriment la distance de » ces satellites à la planète.

» Pour les satellites de Saturne, on prendra la série 0, 1, 2, » 4, 8, 16, 32, 64, et on augmentera chacun des termes de » 3 unités, ce qui donnera 3, 4, 5, 7, 11, 19, 35, 67, qui sont » précisément les distances des satellites à la planète, sauf

ou à se tromper, ne percevant rien de matériel, pour un sens dont les capacités esthétiques se constatent par des nombres.

» l'avant-dernier, 35, auquel correspond une lacune entre le » sixième et le septième satellite. »

Il y a ici, comme dans la décomposition du rayon sonore, identité et variété :

Identité : les nombres 3, 6, 12, 24, 48, 96, 192 ne sont que des redoublements de la même distance.

Variété : le nombre constant 4 exprime des rapports de plus en plus petits avec le nombre 3, 6, 12, 24, 48, 96, 192.

Il est probable que les mondes de l'espace ne sont pas disséminés au hasard et sans relation ; et quant à notre système planétaire, bien que la loi de Bode soit en défaut pour la planète Neptune, il n'en est pas moins probable que les planètes découvertes et à découvrir doivent être dans certaine relation avec le soleil; et la relation la plus parfaite, dans le temps comme dans l'espace, c'est, je le répète, l'unité, qui implique l'identité dans la variété et conséquemment la simplicité des rapports.

CHAPITRE XIII.

La Musique considérée comme langue primitive.

Les systèmes de musique, nous l'avons déjà dit, ne sont que des manifestations plus ou moins satisfaisantes des capacités esthétiques de l'ouïe, et c'est nécessairement l'exception qui est apte à manifester ses capacités avec art : il y a beaucoup d'appelés et peu d'élus. Les systèmes de musique se créent lentement, avec le concours de plusieurs générations, et conséquemment supposent une civilisation assez avancée.

Mais, antérieurement aux systèmes de musique, l'homme a chanté, dansé; antérieurement aux conventions qui ont dû précéder les idiomes créés par l'homme, les hommes ont dû pouvoir exprimer naturellement et sans art, leurs sentiments bienveillants ou malveillants, par l'expression des gestes, par l'expression faciale, et, pour le sens de l'ouïe, par l'expression de la voix; c'est à ces époques primitives, dans le passé des siècles, qu'il faut remonter par la pensée, pour constater dans l'homme l'origine de la musique, langue primitive, exprimant les sentiments de l'homme à l'homme.

naturellement et sans art, par l'expression de la voix, expression qui dépend de la durée, de l'intonation, du timbre de la voix, *éléments* de toute musique. Ainsi, pour exprimer réellement la colère, la haine, la douleur, la joie, le plaisir, etc., l'art n'est pas nécessaire; le timbre, le frémissement, l'accent ou intonation de la voix suffisent; et, il n'y a pas à s'y tromper, l'animal même ne s'y trompe pas : le chien, le cheval, etc., etc., comprennent parfaitement, au timbre, au frémissement de la voix, les intentions bien ou malveillantes à leur égard.

La musique, langue primitive, exprimait non pas les besoins communs avec les animaux : boire, manger, etc., les gestes automatiques et les sons gutturaux suffisent pour manifester ces besoins; elle exprimait les sentiments de l'homme à l'homme par l'expression de la voix, en modifiant, je le répète, le timbre, la durée et l'accent ou intonation de la voix.

J'ai dit la voix; et, à cette occasion, nous ferons une remarque importante, qui surprendra, sans doute, les physiologistes, qui ne se sont occupés de la voix que sur le cadavre. L'organe de la phonation est susceptible de produire une infinité de sons articulés très variés (voyelles et consonnes); mais il n'y a qu'un son produit par l'appareil vocal qui soit la voix, c'est *h aspiré* [1], exprimant la vie

[1] V. *Physiologie de la voix chantée*, publiée en 1853, p. 22 et 23.

matériellement, physiquement, en expirant l'air impropre à la vie, et susceptible aussi d'exprimer la vie morale; je veux dire les sentiments, le sentiment étant, de sa nature, un mouvement pour ou contre.

Les sons articulés, voyelles et consonnes, ont servi à l'homme pour créer les idiomes si divers qui ont existé ou existent sur le globe, idiomes qui impliquent nécessairement des conventions antérieures pour l'articulation des sons avec les voyelles, et les noms à donner aux choses. La musique, langue primitive, n'a exigé aucune convention; il a suffi de modifier instinctivement l'intonation, la durée et le timbre de la voix, pour créer une langue universelle, manifestant les sentiments de l'homme à l'homme, une langue *sans consonnes*, langue universelle s'adressant au sens de l'ouïe, à sa capacité esthétique d'apprécier l'intonation, la durée, le timbre de la voix, etc., etc.

Résumant ce qui précède, nous dirons qu'antérieurement à tout idiome créé par l'homme, au moyen des sons articulés (voyelles et consonnes), dès que l'homme a voulu exprimer avec la voix, à son semblable, ses sentiments bienveillants ou malveillants, il a bien fallu qu'il accentue sa voix, la modifie au point de vue du timbre, de l'intonation et de la durée, suivant le sentiment à exprimer. En outre, dès qu'il a voulu manifester extérieurement les sentiments qui débordaient en lui, il a dansé, sauté en chantant, je veux dire s'accompagnant, s'excitant avec la voix, la danse ne pouvant guère se comprendre sans la voix ou des instruments.

Telle est la double origine de la musique : physiologique et sentimentale, c'est-à-dire correspondant aux mouvements matériels et aux sentiments (mouvements immatériels), car l'homme a toujours chanté et dansé, pour exprimer sa joie et ses douleurs.

— Beaucoup plus tard, les idiomes créés par le génie de l'homme, et assurément son plus beau titre de gloire, ont paru dans le monde à mesure que son intelligence ou aptitude à *connaître* s'est développée. A ce moment, on comprend une troisième origine de la musique : la musique dépendante de l'idiome. Elle présentait l'idiome (voyelles et consonnes) par son beau côté, avec des durées et des intonations appréciables par l'ouïe ; la musique et l'idiome étaient étroitement unis ; aussi, d'après Strabon, dire et chanter étaient autrefois la même chose (1). Il y avait, sans nul doute, des

(1) *Chanter*, chez les anciens, c'était donner l'inflexion de voix la plus convenable au sens que chaque mot doit avoir dans le discours, c'était faire entendre l'accent du sentiment le plus propre à émouvoir le cœur et à produire la persuasion. (Villoteau, *Recherches sur la musique chez les Égyptiens.)*

Et dans un autre endroit de son ouvrage, Villoteau dit « que » la musique, la poésie et l'éloquence ne faisaient, dans la » haute antiquité, qu'une seule et même science qui embrassait

instruments de musique, mais pas de musique instrumentale; les instruments de musique se bornaient probablement à maintenir la voix dans le diapason voulu.

Longtemps, bien longtemps après, les besoins augmentant, les rapports se multipliant à l'infini, l'intelligence ou aptitude à connaître se développe, les sciences, l'industrie surgissent peu à peu, les langues spéciales à ces sciences, à ces industries, se forment; les idiomes s'adressent davantage à l'esprit qu'aux sens, à l'intelligence qu'aux sentiments, les idiomes deviennent de moins en moins musicaux, ce qui veut dire que le rôle de l'intonation et de la durée des sons va s'amoindrissant, la musique se sépare peu à peu des idiomes....

— Après des siècles de tâtonnement, après un long et douloureux enfantement, la musique parvient à reconquérir son indépendance, à exister par elle-même, non pas comme langue primitive, mais comme *art* réservé à quelques élus; les systèmes de musique apparaissent avec une tonalité quelconque, je veux dire quelque chose basé sur l'intonation et la durée des sons, émis successivement ou simultanément (mélodie et harmonie), avec une musique instrumentale et des instruments de musique, une écriture spéciale, etc., etc. L'art musi-

» tout ce qui est du ressort de la *voix* et de la parole dans le
» discours; les musiciens étaient par conséquent les seuls poètes,
» les seuls orateurs et les seuls historiens. »

cal surgit, art immense embrassant la musique, les instruments de musique, le local propre à la musique.

— A ce moment, les systèmes de musique sont susceptibles d'exprimer, avec ou sans paroles, les sentiments de l'homme, avec *art*, au point de vue du beau ; le musicien crée des rhythmes et des dessins, un idéal mélodique.

A cet effet, les intervalles musicaux atteignent les plus grandes proportions, et nécessitent des instruments de musique, une musique instrumentale, ne fût-ce que pour maintenir les voix dans le ton ou tonalité du système. Aussi, notons en passant, qu'il n'est pas possible de concevoir un système de musique indépendant des idiomes sans instruments de musique.

La voix subit une *transformation* correspondant aux exigences de l'art, il faut savoir *respirer* (1) pour produire la voix dans toute sa puissance, afin d'aborder sans effort ni violence les intervalles et les durées usités en musique : respirer, c'est-à-dire réduire la double fonction respiratoire et vocale à une seule fonction : aspiration de l'air nécessaire à la vie, et expiration non pas d'un son, mais d'une voix.

Les explications qui précèdent sur les transformations probables de la musique dans le passé,

(1) Le mot respirer n'est pas pris ici dans l'acception ordinaire (V. chapitre XIV, *La voix chantée*).

n'ont d'autre but que de constater la triple origine de la musique dans l'homme, et d'expliquer, d'après les rapports dérivant de la nature des choses, comment la musique est une langue primitive universelle, et, en même temps, comment la musique, considérée comme art, est une langue réservée à quelques élus.

Où sont les preuves, dira-t-on peut-être, des transformations de la musique que vous indiquez? Les preuves (1) les voici :

Les langues primitives et autres correspondent à l'intelligence de l'homme, ont leur raison d'être dans l'intelligence de l'homme, et, à ce sujet, le doute est impossible : supprimez par la pensée l'intelligence, et l'homme, réduit aux besoins matériels et aux instincts, *n'a pas de langue*, ou du moins n'a qu'une langue correspondant à ces besoins;

(1) Avant d'exiger des preuves, il serait bon de se rendre bien compte de ce qu'on demande; et tout d'abord, les preuves ne sont possibles que pour la musique indépendante de l'idiome, la musique existant par elle-même ayant une notation spéciale et des instruments de musique. Antérieurement à cette musique, c'est-à-dire aux systèmes de musique, il n'y a pas de preuves directes possibles, puisqu'il n'y a ni notation spéciale indiquant l'intonation et la durée des sons, ni instruments de musique pour produire cette notation; et puis les preuves relatives à tel ou tel système de musique ne s'adresseraient qu'aux musiciens. Enfin, il ne faut pas oublier que les systèmes de musique, si perfectionnés soient-ils, ne sont que des systèmes de musique, c'est-à-dire des manifestations plus ou moins satisfaisantes des capacités esthétiques de l'ouïe, et non la musique.

les signes automatiques et les sons gutturaux suffisent.

Si les langues ont leur raison d'être dans l'intelligence de l'homme, c'est dans les nécessités dérivant du principe intelligent qu'on doit découvrir les preuves relatives à la langue primitive et autres; et d'abord, quels sont les éléments de l'intelligence ?

Sans se livrer à de longues explications, qui seraient déplacées ici, il est facile de reconnaître que, dans l'homme, le principe intelligent est composé de deux parties qu'il est impossible de confondre : intelligence ou aptitude à connaître, et sentiment. Les sciences et les beaux-arts mettent en trop grande évidence ces deux aspects du principe intelligent pour qu'il soit nécessaire d'insister. Le savant connaît, comprend, explique (1); l'artiste sent et surtout pratique. Or, la langue primitive ne saurait avoir sa raison d'être dans l'intelligence ou aptitude à connaître; l'homme, à l'état primitif, ne connaît pas encore, il ne possède que les instruments de la connaissance; la langue primitive doit correspondre à ce qui est primitif, inné en nous : le *sentiment*, qui de sa nature est un mouvement pour ou contre; il se manifeste naturellement et

(1) L'industriel utilise avec plus ou moins d'imagination, de génie, les lois découvertes et à découvrir par la science. Aussi toute industrie a-t-elle sa raison d'être dans une théorie faite ou à faire.

sans art, au moyen de ce qu'il y a de primitif, inné en nous : l'*expression* de la face, des gestes, et, spécialement pour le sens de l'ouïe, par l'expression de la voix, l'expression n'exigeant pas de convention antérieure pour être comprise ; elle se communique en vertu de la sympathie.

— Mais à mesure que l'intelligence ou aptitude à connaître se développe, le langage primitif ne suffit plus, et les idiomes créés par l'homme, les idiomes, manifestation admirable de son intelligence, absorbent nécessairement la langue primitive, reposant sur l'intonation, la durée et le timbre de la voix ; je dis nécessairement, le but de l'homme n'étant pas simplement de manifester ses sentiments bienveillants ou malveillants à ses semblables, son but, sa mission étant de conquérir, féconder par son intelligence la matière, l'utiliser à son profit.

Les idiomes devenant de moins en moins musicaux, ce qui veut dire que les éléments de toute musique : intonation, durée et timbre de la voix vont s'amoindrissant, après de longs siècles de tâtonnements, la musique comme *art* surgit avec ses rhythmes et ses dessins.

Telles sont les nécessités dérivant de la nature intelligente de l'homme, telles sont nos preuves ; d'ailleurs il ne faut pas oublier que *connaître*, qu'il s'agisse de langues primitives ou autres, qu'il s'agisse de physique, chimie, mathématiques, qu'il s'agisse des transformations de la musique, de langue primitive, etc., etc.; *connaître,* c'est toujours découvrir les rapports nécessaires dérivant de la nature des choses; en dehors de ces rapports il n'y a que des hypothèses, des explications plus ou moins satisfaisantes, l'homme est devant vous. Les langues primitives et autres n'étant autre chose que les manifestations mêmes du principe intelligent, c'est dans les nécessités dérivant de la double *intelligence* de l'homme, et non dans la poussière des bibliothèques, qu'on doit découvrir les preuves relatives aux transformations de la langue primitive d'origine *divine,* correspondant à ce qui est inné en nous, et les preuves relatives à l'origine des idiomes créés par l'homme, correspondant à la science *acquise*, conquise par l'homme; l'homme est devant vous, non pas l'homme à l'état primitif, état dont il nous est impossible d'avoir une idée exacte, mais l'homme en société, l'homme dont l'intelligence est suffisamment développée pour être observée, l'homme enfin qui a créé les idiomes et les systèmes de musique, la science, les arts, les industries diverses, etc., etc.

CHAPITRE XIV.

§ 1. — Voix chantée; transformation de la voix correspondant à l'art.

En considérant la musique comme une langue primitive, susceptible de manifester les sentiments de l'homme à l'homme, nous avons dit, dans le chapitre précédent, que dès que la musique apparaît comme art, la voix subit ou doit subir une transformation correspondant à l'art, la voix naturelle ne suffit plus; nous allons essayer de faire comprendre en quoi consiste cette transformation.

Le son est musical, avons-nous dit chapitre A, dès que l'oreille peut en apprécier suffisamment le degré d'acuité ou de gravité, pour le classer sur une échelle de sons. Le son musical produit par l'instrument vocal est une voix; c'est un son musical ayant vie, voix. L'appareil vocal est susceptible de produire aussi des sons et bruits très divers, et les sons articulés des idiomes (voyelles et consonnes); et en donnant à ces sons très divers, auxquels la voix est mêlée à quelque degré, une intonation musicale, on les confond tous sous le même nom, c'est la voix; mais il n'y a qu'un son produit par l'appareil vocal qui soit la voix, c'est celui dans lequel la vie, c'est-à-dire l'air impropre à la vie est incarné. L'émission de la voix comprend deux fonctions : aspiration de l'air nécessaire à la vie, et expiration de l'air impropre à la vie, sous forme de voix ; le larynx transforme l'air à expirer en voix ; il fait surgir la vie ou voix de l'air impropre à la vie, il y incarne la voix. De la sorte, les deux fonctions, l'une (aspiration de l'air nécessaire à la vie) non soumise à la volonté, l'autre (production de la voix) soumise à la volonté, se réduisent à une seule fonction soumise à *la volonté*, en ce sens que l'air à expirer, complètement transformé en voix, se *dépense* à volonté.

Pour émettre la voix dans ces conditions [1], que l'appareil vocal soit bon, mauvais ou médiocre, il faut savoir *respirer ;* le mot *respirer* n'est pas pris ici dans l'acception ordinaire ; respirer, ce n'est pas prendre respiration, puis pousser un son ou bruit quelconque articulé ou non articulé, en expulsant plus ou moins violemment l'air ; respi-

[1] C'est cette voix que j'appelle *voix chantée,* uniquement pour la distinguer des voix dites de *fausset,* de *tête,* de *poitrine;* des voix parlée, hurlée, criée, etc., etc., qui ne sont autre chose que des sons très divers auxquels la voix est mêlée à quelque degré. Désormais l'expression *voix chantee,* dans les explications qui vont suivre, signifiera simplement la voix correspondant à l'art, car il n'y a qu'une voix, et l'appareil vocal n'émet cette voix que lorsqu'il fonctionne dans les conditions de respiration ci-dessus.

rer ici, c'est réduire la double fonction de l'appareil à une seule fonction : aspiration de l'air nécessaire à la vie, et transformation de l'air impropre à la vie sous forme de voix; *simplification* qui n'est possible, invariablement, que dans un cas, lorsque *tout* l'air à expirer est transformé en voix à son passage au larynx. Si l'air à expirer n'est qu'incomplètement transformé à son passage au larynx, ce n'est pas une voix, c'est un mélange de son et de voix; les deux fonctions n'étant pas coordonnées, la simplification est impossible, physiquement impossible.

C'est ce mélange où la voix est mêlée à divers degrés que l'homme, après l'âge de puberté, produit naturellement et sans art; c'est ce mélange qu'on croit être la voix correspondant à l'art, mélange plus ou moins satisfaisant, suivant la conformation matérielle de l'instrument. On ne réfléchit pas que la musique apparaissant comme art, et non comme langue naturelle, la voix correspondant à l'art doit subir une transformation quelconque, analogue à la transformation subie par la musique, la musique et la voix étant solidaires.

L'appareil vocal n'est-il pas un organe au service des capacités esthétiques de l'ouïe; l'appareil vocal n'est-il pas l'instrument de musique donné par la nature, antérieur et supérieur aux instruments d'invention humaine? Si les capacités esthétiques de l'ouïe se transforment, l'instrument qui manifeste ces capacités doit aussi se transformer; différemment, la voix ne correspondant pas à l'art, il y a nécessairement *désaccord* entre l'art et la voix manifestant l'art; la voix n'est ni naturelle, ni *vraie;* elle ne saurait interpréter l'art qu'en hurlant, criant, violentant l'appareil vocal.

— A ce compte, contrairement à l'opinion générale, l'appareil vocal, bon, mauvais ou médiocre, ne produirait jamais *naturellement*, la voix chantée dérivant de sa conformation. Non, assurément, du moins dans toute l'étendue de l'échelle dérivant de sa conformation matérielle. Après l'âge de puberté, l'appareil vocal ne produit naturellement qu'un mélange de son et de voix; la production de la voix chantée est même la plus grande, la seule difficulté sérieuse de l'éducation du chanteur, car il ne s'agit de rien moins que de faire produire à l'appareil vocal, quel qu'il soit, ne l'oublions pas, tous les sons de l'échelle musicale dérivant de sa conformation matérielle, dans les mêmes conditions de respiration; une gamme suffit pour exercer l'appareil vocal dans ces conditions de respiration. A cette condition, l'instrument produit la voix chantée, et c'est nécessairement l'exception qui arrive à ce résultat. Comment en serait-il autrement? c'est l'exception, dans l'humanité, qui manifeste l'art en le créant; la voix, correspondant à l'art, doit nécessairement être une exception.

A ce moment, l'appareil émettant la voix chantée dans toute l'étendue de l'échelle, il est temps d'aborder *sérieusement* la musique du système, je veux dire d'exercer la voix aux difficultés musicales de tel ou tel système, par des exercices gradués de solféges, vocalises, etc., etc., afin d'homogénéiser la voix, développer l'appareil vocal dans sa puissance, son agilité, etc., etc. S'occuper sérieusement de ce qu'on appelle la musique vocale et le chant, solféges, vocalises, etc., etc., avant de savoir *respirer*, ce n'est pas exercer la voix, c'est exercer un mélange de son et de voix produit naturellement par l'appareil vocal, exercices qui ne développent nullement l'appareil vocal dans sa puissance normale.

L'appareil vocal, disons-nous, ne produit jamais naturellement et sans travail la voix chantée qu'il est susceptible de produire, et nous ajoutons ici qu'il serait contraire à la nature des choses qu'il en fût ainsi. En effet, la musique, considérée comme langue susceptible de manifester les sentiments de l'homme à l'homme, n'est autre chose que la manifestation des capacités esthétiques de l'ouïe *au moyen de la voix*. Dès que la musique manifeste les sentiments avec art, c'est-à-dire avec des intonations et des durées extraordinaires, la voix naturelle ne correspond plus à l'art, la musique n'est pas ici une langue naturelle (il n'est certes pas naturel d'exprimer ses sentiments avec les intonations et les durées usitées en musique), c'est un art manifestant les sentiments au point de vue du beau; c'est en quelque sorte la dilatation du sentiment, la dilatation de la voix, et, pour la dilater avec art (vulgairement filer les sons), il est indispensable de savoir *respirer*, respiration qui est si peu naturelle, qu'on pourrait presque dire qu'elle est contraire à la nature, puisque respirer ici, c'est en réalité réduire la double fonction de respiration et d'émission de voix à une seule fonction.

§ 2. — Erreurs et préjugés sur la voix chantée.

La véritable cause de la rareté des voix provient de ce qu'on ne soupçonne pas la nécessité de la transformation de la voix pour qu'elle corresponde à l'art.

La voix, dans les conditions de respiration dont nous avons parlé, la voix correspondant à l'art, n'est pas naturelle; c'est par le travail, un long et pénible travail, qu'on arrive à faire fonctionner l'appareil vocal, dans les conditions de respiration indiquées ci-dessus; la respiration est la plus grande difficulté, la seule difficulté sérieuse de l'éducation du chanteur; on ne paraît même pas soupçonner cette difficulté de transformation de la voix, pour qu'elle corresponde à l'art.

Pourtant, comment se fait-il que quelques individus émettent naturellement et *sans travail* la voix chantée?... Entendons-nous : ils n'ont pas travaillé, c'est là une erreur; ils n'ont peut-être pas appris la musique dans les méthodes, solféges, etc., etc., ils ne savent pas lire la musique; mais ils sont musiciens, et ont néanmoins, d'instinct, beaucoup travaillé, beaucoup exercé l'appareil vocal, excités, sans nul doute, à exercer la voix, par la bonne conformation de l'appareil vocal, mais surtout par la parfaite *relation* de l'ouïe et de l'appareil vocal. Guidés par les capacités esthétiques de l'ouïe, qui, chez ces sujets, devaient être très développées (1), ils sont parvenus à faire fonctionner l'appareil vocal dans les conditions de respiration dont nous avons parlé au § Ier, et l'instrument s'est développé matériellement, et leur voix paraît naturelle, simple et vraie, car elle correspond aux exigences de l'art.

Ayant en vue ces exceptions, et ne tenant pas compte du travail fait d'instinct, on en conclut généralement que l'appareil vocal émet naturellement la voix dérivant de sa conformation; si la voix n'est pas meilleure, c'est que les bons instruments manquent; c'est l'opinion des musiciens, de

(1) Les capacités esthétiques de l'ouïe étant très développées, ils étaient musiciens naturellement, seulement ils ne savaient pas lire la musique du système; mais ils étaient aptes à reproduire les mélodies qu'ils entendaient. Il ne faut pas oublier que l'appareil vocal est soumis et dépendant de l'ouïe.

ceux qui ne sont pas musiciens : c'est l'opinion à peu près générale; et c'est là une erreur, un préjugé absurde, qui est cause de la rareté des voix, car, croyant fermement que la voix chantée est un don naturel, on ne s'occupe pas, on ne songe même pas à la nécessité de la transformation de la voix, pour qu'elle corresponde à l'art, et conséquemment on ne fait rien pour y arriver.

La musique vocale et le chant familiarisent aux difficultés musicales (intonation et durée des sons du système) le mélange de son et de voix, que l'homme produit naturellement après l'âge de puberté; on égalise les registres de la voix (1), absolument comme si l'appareil vocal avait plusieurs tuyaux, comme l'orgue; on s'occupe ensuite de la diction lyrique, c'est-à-dire qu'on familiarise ce mélange de son et de voix aux difficultés de l'idiome, comme si la diction lyrique ne dépendait pas de la bonne ou de la mauvaise émission de voix. Si l'appareil vocal produit la voix chantée, la diction lyrique sera naturellement satisfaisante; si l'appareil vocal émet un mélange de son et de voix, la diction lyrique sera toujours défectueuse, en ce sens que la voix chantée sera soumise et

(1) Je ne dis pas que l'appareil vocal n'est pas susceptible d'avoir des registres de fausset, de tête, de poitrine, etc., etc., je dis qu'il n'y a qu'une voix qui soit la voix chantée, la voix correspondant à l'art, c'est celle émise dans les conditions de respiration du § 1er.

dépendante de l'idiome, tandis (V. *Physiologie de la voix chantée*) que c'est l'idiome qui doit être soumis et dépendant de la voix. Enfin, on marque les endroits de la phrase musicale où il faut prendre respiration; c'est ce qu'on appelle apprendre à *respirer;* c'est tout simplement apprendre à phraser.

— La musique vocale et le chant [1] n'ont d'autre but, on le voit, que de familiariser le mélange de son et de voix aux difficultés musicales et autres; on se borne à corriger, dissimuler pour ainsi dire les vices inhérents à ce mélange de son et de voix.

— Et les voix sont toujours rares; pourquoi? Parce que les exercices de musique vocale et de chant dont nous venons de parler, ne sauraient améliorer la voix ni développer l'appareil vocal normalement, dès que l'appareil ne fonctionne pas dans les conditions de respiration dont nous avons parlé au § Ier. Un exemple fera mieux saisir notre pensée : Supposez par la pensée un appareil vocal médiocre matériellement, mais fonctionnant dans les conditions de respiration expliquées au § Ier; l'appareil vocal atteindra matériellement le maximum de développement dérivant de sa conformation physique; la voix, peu satisfaisante d'abord,

[1] V., du reste, *Unité de la voix chantée* (brochure publiée en 1854), les explications sur l'école de voix et l'école de musique et de chant.

s'améliorera nécessairement, à mesure que le développement matériel de l'instrument s'opérera; les exercices de musique (solféges, vocalises, etc., etc.) développeront à la fois l'instrument matériellement, et la voix dans sa puissance, son homogénéité, son agilité, etc., etc., absolument comme la gymnastique normale développe le corps de l'homme dans sa puissance matérielle et son agilité ; je dis nécessairement, pourquoi? Parce que le son musical, produit par l'appareil vocal fonctionnant dans les conditions de respiration ci-dessus, est une voix, c'est-à-dire un son musical dans lequel la vie est incarnée, et la vie étant incarnée dans un instrument en quelque sorte inerte, les exercices de solféges, vocalises, etc., etc., ne peuvent que le développer matériellement.

Supposez au contraire un appareil vocal dans des conditions matérielles très satisfaisantes; s'il ne fonctionne pas dans les conditions de respiration dont il a été question, les exercices de musique (solféges, vocalises, diction lyrique, etc., etc.) n'amélioreront pas les voix, ne développeront pas matériellement l'appareil vocal; ces exercices n'auront d'autre but que de masquer, dissimuler les défauts du mélange de son et de voix émis par l'appareil vocal, et développer non pas la puissance matérielle de l'appareil vocal, mais développer artificiellement la puissance *musculaire* de la voix parlée, hurlée, criée, etc., etc.; pourquoi? Parce que ici le son musical produit par l'appareil vocal *n'est pas une voix;* comment serait-ce une voix, comment la vie serait-elle incarnée dans ce son musical si on ne sait pas respirer? — Notons, en passant, que le son musical produit par l'instrument vocal, lorsqu'on ne sait pas respirer, est bien inférieur aux sons musicaux produits par les instruments de musique inventés par l'homme; et les voix sont rares, non pas que les bons instruments manquent, mais parce que, ne fonctionnant pas dans les conditions de respiration dont nous avons parlé, la voix ne s'améliorera pas, la puissance matérielle de l'instrument n'atteignant pas le maximum de développement dérivant de sa conformation physique.

Est-ce à dire que tous les instruments développés normalement seraient propres aux théâtres lyriques? Oh! non, assurément, il y a un choix à faire, et nous allons voir comment il est possible de choisir les sujets dans les conditions (1) matérielles

(1) Néanmoins, aujourd'hui que tout le monde joue plus ou moins du piano, les femmes, les jeunes filles qui ont peu d'occasions de faire de l'exercice, auraient grand tort de ne pas exercer l'appareil vocal; non pas parce qu'elles ont une belle voix, comme on dit, mais uniquement au point de vue hygiénique; c'est même la partie de la gymnastique la plus importante, puisque l'appareil le plus essentiel à la vie, l'appareil respiratoire, y est directement intéressé.

La voie chantée facilite la circulation et fait pénétrer la vie dans les parties les plus déliées de l'organisation; la turgescence de la face, qui en est la conséquence, donne un air de vie et

satisfaisantes, ou plutôt nous allons voir sur quoi repose l'auscultation de la voix (1) chantée, science nouvelle.

§ 3. — Auscultation de la voix chantée reposant sur les capacités esthétiques de l'ouïe.

Les physiologistes n'ont pu s'occuper de la voix correspondant à l'art, de la voix émise dans les conditions de respiration du § Ier, c'est-à-dire de la voix chantée, pourquoi ? 1° Parce que, expérimentant sur le cadavre, ils se sont occupés de la fonction de l'appareil vocal, moins la respiration ; et c'est la respiration qui est la seule chose importante pour le chanteur ; 2° c'est la fonction naturelle commune à tous que les physiologistes expliquent, tandis que l'émission de la voix chantée est l'exception dans l'humanité ; de quelle importance auraient été d'ailleurs, pour l'art médical, des recherches laborieuses sur la fonction esthétique de

de santé qui plaît à voir. Seulement il faut exercer l'appareil vocal avec modération et éviter les exercices violents pour faire produire à l'appareil vocal une voix hors de proportion avec sa conformation matérielle, la véritable puissance de la voix étant d'ailleurs plutôt expressive que matérielle.

(1) Je pourrais dire l'auscultation de l'*appareil vocal*; cela paraîtrait plus clair, mais la clarté ne suffit pas, faut-il encore être dans le vrai. Or, ici on explore réellement la voix, en ce sens qu'on écoute si la voix produite naturellement par l'appareil vocal se rapproche plus ou moins de la voix chantée.

l'appareil vocal, fonctions exceptionnelles? 3° enfin les physiologistes expliquent la fonction de l'appareil vocal, moins le sens de l'ouïe, duquel *dépend l'appareil vocal*, non pour la fonction respiratoire, mais pour la fonction vocale soumise à la volonté et dirigée par l'ouïe, l'appareil vocal étant un instrument dépendant du sens de l'ouïe. Assurément la conformation matérielle de l'instrument a une grande influence sur la qualité de la voix, puissance, étendue, timbre, etc., etc., mais si bien conformé matériellement que soit l'instrument, si sa *relation*, sa dépendance avec le sens de l'ouïe est imparfaite, il ne produira qu'un mélange de son et de voix.

L'auscultation de la voix chantée, de la voix correspondant à la musique considérée comme art, repose sur le sens de l'ouïe; avec les yeux on ne connaît que la partie matérielle de l'organe vocal, ce qui est suffisant pour le chirurgien et le médecin, mais tout-à-fait insuffisant au point de vue de l'art; l'œil ne saurait voir la fonction esthétique de l'appareil, même avec l'aide du laryngoscope, tandis que l'oreille entend, je veux dire *sent* ce qu'il y a d'invariable dans la fonction, lorsque les capacités esthétiques sont suffisamment exercées. C'est donc sur l'auscultation ou exploration des phénomènes intérieurs (ici fonction respiratoire et émission de voix), au moyen de l'ouïe, que repose l'auscultation de la voix chantée, l'ouïe découvrant les phénomènes internes qui échappent à l'œil.

— L'auscultation de la voix, au point de vue esthétique, n'a rien de commun avec l'auscultation médicale. « Dans le langage médical, le mot auscul- » tation désigne une méthode de diagnostic, qui est » basée sur la connaissance des bruits que l'orga- » nisation en fonction produit, soit dans l'état sain, » soit dans l'état de maladie. Elle comprend l'étude » de tous les bruits qui peuvent être perçus à dis- » tance par l'oreille, immédiatement appliquée sur la » région qui résonne, etc., etc. Depuis l'application » que Laënnec a faite de l'auscultation à la connais- » sance des maladies, les travaux se sont multipliés; » on a étendu les moyens d'investigation consacrés » d'abord à l'étude des bruits des poumons et du » cœur, à une foule d'autres applications, etc., etc.» L'auscultation, au point de vue esthétique, n'est pas basée sur la connaissance des bruits que l'organisation en fonction produit, soit dans l'état sain, soit dans l'état de maladie : l'appareil est supposé en bon état; elle ne s'occupe que de la fonction de l'appareil dans les conditions de respiration du § Ier; elle écoute la voix à distance.

L'auscultation de la voix, science nouvelle, repose comme toute vraie science sur ce qu'il y a d'invariable, de nécessaire; connaître, nous l'avons dit chapitre VIII, c'est découvrir ce qu'il y a d'invariable, de nécessaire dans les choses; et quand on songe qu'il n'y a pas deux voix semblables, que les voix varient comme les visages, il paraît, au premier abord, impossible d'établir l'auscultation de la voix chantée sur une base scientifique, c'est-à-dire sur des rapports nécessaires, invariables ; pourtant, si chacun a sa voix comme son visage, invariablement aussi l'appareil vocal, quel qu'il soit, ne produit la voix chantée que lorsqu'il fonctionne dans les conditions de respiration expliquées au § Ier.

Et comme personne, après l'âge de puberté, n'émet naturellement la voix, on n'émet naturellement et sans travail, si bien conformé que soit l'appareil vocal, qu'un mélange de son et de voix. L'auscultation constate en réalité à quel degré la fonction esthétique de l'appareil vocal existe, je veux dire à quel degré ce qui *est* se rapproche de ce qui *devrait être*. L'auscultation dit, en outre, s'il y a des empêchements matériels à ce que la fonction esthétique puisse jamais s'établir, empêchements provenant de l'appareil vocal, de l'oreille ou des parties qui concourent à la phonation, ou bien de l'imperfection de communication entre l'ouïe et la voix.

— Pour être apte à ausculter la voix, il ne suffit pas de comprendre, il faut être capable de faire fonctionner son appareil vocal, quel qu'il soit, dans les conditions de respiration du § Ier, c'est-à-dire qu'il faut *sentir* la fonction de l'appareil vocal ; en d'autres termes, il ne suffit pas, pour ausculter, d'avoir l'oreille exercée, il faut encore avoir la voix exercée.

Aussi, l'auscultation de la voix chantée sera-t-elle toujours, par la nature même des choses (la voix chantée est l'exception, l'auscultation de cette voix doit être l'exception), une science personnelle à quelques individus, et exclusivement réservée aux artistes; je veux dire qu'il faudra être artiste, mais qu'il ne suffira pas d'être artiste, et même illustre, pour posséder la science de l'auscultation ; on peut très bien connaître *sa voix,* sans avoir jamais songé à étudier la voix humaine.

L'auscultation de la voix chantée est une science nouvelle, entendons-nous : comme science, c'est nouveau; mais autrefois il y a eu en Italie des maîtres célèbres, qui avaient découvert d'instinct la fonction esthétique de l'appareil vocal; leurs écoles étaient renommées, non pas assurément qu'on y enseignât la musique mieux ou autrement qu'ailleurs, mais uniquement par leur science personnelle de la voix ; la musique n'étant pour ces maîtres qu'un moyen d'établir la fonction esthétique de l'appareil, une simple gamme suffisait.

Voyons maintenant les conséquences pratiques de cette nouvelle science :

Supposons qu'au Conservatoire de musique (c'est seulement dans les écoles du gouvernement qu'il est possible de faire l'éducation sérieuse des chanteurs destinés aux théâtres lyriques) on n'admette que des sujets dans des conditions matérielles satisfaisantes, c'est-à-dire des sujets chez lesquels la fonction naturelle de l'appareil vocal se rapproche le plus de la fonction esthétique, ce qui *est* se rapprochant le plus de ce qui *devrait être;* et qu'on soit bien convaincu que l'éducation du chanteur comprend deux choses : 1° la fonction esthétique de l'appareil vocal; 2° la musique vocale.

La fonction esthétique étant la partie de l'éducation la plus difficile, la plus importante, car jamais on ne sera chanteur si on ne sait pas respirer, le rôle de la musique est nécessairement l'accessoire dans l'éducation première du chanteur; on ne doit la considérer, au début, que comme un moyen d'établir la fonction esthétique; une gamme suffit au besoin.

La fonction établie, vous êtes chanteur, je veux dire que vous savez vous servir de votre instrument, il n'y a qu'à l'exercer dans les œuvres du système, ancien ou moderne, que vous devez interpréter; pour mieux faire comprendre la distinction qui existe entre le chanteur et le musicien, nous dirons que le musicien connaît la musique d'un système donné, ou de plusieurs systèmes; le chanteur est instrumentiste, il sait jouer de son instrument, et de plus il est musicien.

L'éducation des sujets du Conservatoire étant terminée, au point de vue de la fonction et de la musique, *tous* les élèves sortant de l'école seront chanteurs, aussi bons, par exemple, que les artistes actuels de l'Académie de musique, et chanteurs célèbres, s'ils ont du génie et un appareil vocal satisfaisant.

Si, au contraire, partageant le préjugé en vogue, que la voix est un don naturel, ce qui, au fond, signifie que l'appareil vocal fonctionne naturellement au point de vue esthétique, le Conservatoire ne s'occupe sérieusement que de l'éducation musicale des élèves, le Conservatoire fera d'excellents musiciens, des acteurs irréprochables, mais pas de chanteurs, c'est impossible, et d'un autre ordre [1]; et on sera réduit, pour nos grandes scènes lyriques, à chercher des voix toutes faites, auxquelles on n'aura qu'à donner quelques notions de musique; c'est plus simple que de se donner la peine de faire l'éducation complète, normale du chanteur, d'après les nécessités dérivant de la nature des choses.

Aussi les voix sont-elles rares, ou plutôt la voix est rare, parce qu'on n'aide pas la nature, on la *méconnaît;* on ne comprend pas la nécessité de la transformation de la voix, pour que la voix corresponde à l'art; ainsi se perpétue ce préjugé absurde s'il en fut, que les bons instruments manquent.

[1] Le diapason n'était pour rien dans la rareté des chanteurs, on le voit bien maintenant; bien mieux, on abaisserait de nouveau le diapason, que les chanteurs deviendraient encore plus rares. J'expliquerai pourquoi une autre fois, en m'occupant des bases scientifiques du diapason.

CONCLUSION.

CHAPITRE XV.

§ 1er. — Importance scientifique de la découverte des capacités esthétiques de l'ouïe.

La science qui connaît, comprend, explique, n'a de contact direct avec la musique que par les capacités esthétiques de l'ouïe.

L'acoustique musicale, au point de vue de l'art, science nouvelle, science immense, embrassant l'art musical : musique, instruments de musique, local propre à la musique, est contenue tout entière *dans ce que l'ouïe perçoit d'invariable dans le son musical* (1).

Pour réduire ainsi l'acoustique musicale à ce que l'ouïe perçoit dans le son musical, il fallait découvrir non pas une planète dans l'espace, mais en nous, tout près de nous, il fallait découvrir les

(1) Dans un autre travail, nous nous occuperons de l'acoustique musicale au point de vue du beau; nous constaterons les éléments du beau dans ce que l'ouïe perçoit d'invariable dans le son musical expressif.

capacités esthétiques de l'ouïe, c'est-à-dire la sensation auditive dans ses rapports avec l'art et le beau, et c'était bien simple en apparence : les musiciens employant un son spécial produisant une sensation spéciale, il n'y avait qu'à constater ce que l'ouïe perçoit d'invariable dans ce son spécial, pour découvrir la sensation dans ses rapports avec l'art et le beau : c'était bien simple, trop simple, aussi n'y a-t-on pas songé.

— La découverte de la sensation esthétique a une importance scientifique considérable, la science qui connaît, comprend, explique, n'ayant de contact direct avec la musique ou plastique de l'ouïe que par la sensation esthétique de l'ouïe, ainsi que nous allons essayer de l'expliquer.

Le sens de l'ouïe permet de constater trois sortes de sensations qu'il est impossible de confondre : 1° la sensation commune à l'animal et à l'homme, dérivant de la propriété qu'a l'animal d'être sensible à la douleur et au plaisir physique, sensation correspondant aux instincts de l'animalité, sensation qui s'arrête aux sens, à la partie matérielle de l'être, et se décompose en *impression* et *sensation*; — 2° la sensation correspondant à l'entendement, et qui se décompose en impression, sensation, *attention*, perception de la sensation ; ici le sens de l'ouïe est un instrument mettant l'intelligence ou aptitude à connaître en communication avec les choses extérieures, et, par exemple, pour l'auscultation, au point de vue médical, c'est l'intelligence qui écoute les phénomènes internes, l'oreille n'est qu'un instrument; — 3° la sensation esthétique produite par un son spécial, le son musical, sensation spéciale correspondant à l'art et au beau, sensation intelligente par elle-même; elle est composée d'une série de sensations identiques dans la seconde, ce qui permet à l'ouïe de percevoir le rapport des sons, faisant plus ou moins de vibrations dans le même temps, de sentir leur convenance et disconvenance, c'est-à-dire la relation des sons.

La découverte de la sensation esthétique de l'ouïe complète la notion de la sensation, et comble la lacune qui existait entre la science et l'art : la musique emploie exclusivement le son musical produisant une sensation spéciale; il est évident que la science, correspondant à la musique, doit reposer sur la sensation spéciale produite par le son musical.

— Supprimez, par la pensée, les capacités esthétiques de l'ouïe de sentir le rapport des sons, et le savant, quel que soit son génie à d'autres points de vue, expliquera la musique absolument comme un aveugle de naissance expliquerait les couleurs, puisqu'il lui manque un sens (capacités esthétiques de l'ouïe). Ainsi, non seulement il ne saura pas ce que c'est que la musique, quelle en est la source, mais il n'aura pas la moindre idée des effets de la musique sur l'homme, ne distinguant pas la sensation musicale de la sensation non musicale. Dans ces conditions, le savant sera fatalement entraîné à considérer la musique comme une application des sciences physique, mathématique, etc., etc. (voir Chapitre IX, §§ 1, 2, 3). Il ira logiquement du connu à l'inconnu, c'est-à-dire de la science qu'il connaît à la musique dont il ignore l'origine et les effets; mais comme l'inconnu (science innée en nous) est d'un autre ordre que le connu (science hors nous), et correspond d'ailleurs à un sens qui lui manque, le savant rencontrera nécessairement un abîme infranchissable, toute la science humaine serait impuissante pour franchir l'abîme, l'obstacle dérivant de la nature même des choses, la musique n'étant pas l'application d'une science quelconque hors nous, mais la *manifestation* d'une science innée en nous, je veux dire la manifestation des capacités esthétiques de l'ouïe, capacités qui se constatent par des nombres sous nos yeux; seulement, pour être apte à manifester ces capacités, il les faut exercer par le travail.

Et ce que nous disons pour l'art s'applique au beau perçu par l'ouïe dans le son musical *expressif,* dont nous nous occuperons dans un autre travail, afin d'éviter toute confusion entre les éléments de l'art et les éléments du beau. Supprimez, par la pensée, les capacités esthétiques de l'ouïe correspondant au beau, et le savant expliquera le beau en musique, comme un aveugle de naissance expliquerait le beau en peinture ; il lui manque un sens, c'est-à-dire la capacité esthétique de l'ouïe correspondant au beau ; l'intelligence ou aptitude à connaître n'a pas de contact *direct* avec le beau ; elle n'a de contact avec l'art et le beau, en musique c'est de toute évidence, que par les capacités esthétiques de l'ouïe.

Nous allons voir quel nouvel horizon scientifique les capacités esthétiques de l'ouïe découvrent à la science dans ses rapports avec l'art et le beau.

§ 2. — Nouvel horizon scientifique reposant sur les capacités esthétiques de l'ouïe.

L'acoustique musicale repose sur les capacités esthétiques de l'ouïe, sur ce que l'ouïe découvre d'invariable dans le son musical expressif et non expressif et la voix. Avec ce nouvel organe, ce nouveau sens, on doit découvrir un horizon scientifique, inacessible aux sciences physique, physiologique, et à la psychologie telle qu'elle existe. Ainsi :

La physique s'occupe du son musical *hors nous*, c'est-à-dire des propriétés physiques du son musical ; rapport des vibrations avec la longueur, la tension, le poids de la corde, etc., etc. ; elle s'arrête dès que le nerf acoustique est frappé. L'acous-

10

tique musicale commence où s'arrête la physique; elle s'occupe du son musical *en nous*, et repose sur ce que le sens de l'ouïe perçoit d'invariable dans le son musical, au point de vue de l'art [1] et du beau, c'est-à-dire qu'elle repose sur la *physiologie de l'ouïe au point de vue esthétique.*

La physiologie s'occupe de la fonction de l'appareil vocal au point de vue médical. La partie de l'acoustique musicale relative à la voix (*Physiologie de la voix chantée*, chapitre XIV) repose sur la fonction de l'appareil vocal au point de vue esthétique, *fonction qu'il fallait découvrir.*

L'auscultation médicale explore les phénomènes internes au point de vue de la santé et de la maladie. L'auscultation de la voix chantée, au point de vue esthétique, repose sur ce que l'ouïe perçoit d'invariable, lorsque la double fonction de respiration et d'émission de voix est réduite à une seule fonction : aspiration de l'air nécessaire à la vie, et expiration non pas d'un son, mais d'une voix.

La psychologie s'occupe de la sensation auditive dans ses rapports avec l'entendement. L'acoustique musicale repose sur la sensation esthétique produite par un son spécial, le son musical, c'est-à-dire sur les capacités esthétiques de l'ouïe échappées aux psychologistes.

[1] Au point de vue de l'art, la science du son musical embrasse l'art musical tout entier : musique, instruments de musique et local propre à la musique.

On le voit, l'acoustique musicale, science nouvelle (1), reposant sur la physiologie de l'ouïe au point de vue esthétique, s'occupe du son musical expressif, non expressif et de la voix, à un autre point de vue que les sciences physique, physiologique, et la psychologie telle qu'elle existe. Ce nouvel horizon scientifique est nécessairement inac-

(1) De 1852 à 1867, j'ai publié différentes brochures, que j'ai essayé de fondre, condenser, dans la présente édition de l'*Acoustique musicale,* contenant la matière de dix gros volumes.

— S'il y avait quelque différence entre ces ouvrages et l'*Acoustique musicale,* ce serait l'explication contenue dans ce dernier ouvrage qui devrait être préférée. On comprend que, dans un travail embrassant des matières très diverses à un point de vue nouveau, les erreurs de détail et autres sont inévitables.

Ire PARTIE. — Éléments de la musique ou plastique de l'ouïe d'après les capacités esthétiques de l'ouïe.
Éléments du système moderne d'après les œuvres du système.
Art musical : musique, instruments, local propre à la musique.

2e PARTIE. — Philosophie de l'art :
Écueil de la science dans ses rapports avec la musique.
Musique ou plastique de l'ouïe.
Voix chantée.
Erreurs et préjugés sur la voix chantée.
Auscultation de la voix chantée.

3e PARTIE. — Conclusion :
Importance scientifique de la découverte des capacités esthétiques de l'ouïe.
Nouvel horizon scientifique reposant sur ces capacités, etc., etc.

cessible à ces sciences, puisqu'il repose sur des capacités esthétiques de l'ouïe qu'il fallait découvrir [1], capacités d'ordres divers; ainsi : les éléments de la musique ou plastique de l'ouïe reposent sur la capacité de l'ouïe, innée en nous, de sentir le rapport, la relation des sons; les éléments du beau reposent sur la capacité esthétique de l'ouïe, innée en nous, de percevoir la vie, l'âme incarnée dans le son musical expressif.

Les éléments de l'*auscultation* de la voix chantée (le son musical produit par l'instrument humain

(1) Théodore de Banville, dans la préface d'une acoustique nouvelle publiée il y a déjà plusieurs années par Louis Lucas, écrit ce qui suit : « Les esprits studieux qui ont suivi avec » une curiosité enthousiaste les travaux physiologiques de » Bichat et de Broussais, les découvertes par lesquelles Lavoi- » sier et quelques autres ont transformé la chimie, et enfin » les immenses travaux de Vico et de Herder, parvenus à force » d'induction à reconstituer une nouvelle science historique, » comprendront ce qu'il a fallu de volonté pour découvrir ce » nouveau monde scientifique. Peut-être trouvera-t-on plus » tard, dans les phénomènes physico-musicaux, autant de » richesses, autant de mines inexplorées que dans la géologie » avant Cuvier. »

Sans doute, il y a encore beaucoup à découvrir dans les phénomènes physico-musicaux, puisque l'acoustique des facteurs d'instruments et des architectes est à faire (V. chap. VI); mais pour découvrir un monde scientifique vraiment nouveau correspondant à la musique, il fallait tout simplement découvrir un organe nouveau (capacités esthétiques de l'ouïe); la musique étant la manifestation de ces capacités, les phénomènes physico-musicaux n'ont pas de rapport avec la musique; ils n'ont de rapport qu'avec la construction des instruments de musique et du local propre à la musique.

est une voix) reposent sur la capacité de l'ouïe de distinguer la fonction esthétique de l'appareil vocal de la fonction ordinaire ; mais il fallait d'abord découvrir la fonction esthétique (physiologie de la voix chantée), découverte qui seule a exigé dix ans d'observations, d'exercices, d'expériences autrement pénibles que les expériences sur le cadavre [1].

L'acoustique musicale, bien qu'elle repose sur des capacités de l'ouïe, qui se constatent par des nombres, capacités dont les systèmes de musique, les œuvres musicales, prouvent surabondamment l'existence, l'acoustique musicale, science nouvelle, rencontrera des obstacles sérieux de la part des savants, peut-être même de la part des artistes; c'est facile à expliquer. Les artistes les plus éminents, je veux dire ceux dont les capacités esthétiques sont largement développées et exercées par le travail, les élus de l'art, disent volontiers comme Bérenger : *l'art, c'est l'art;* ils se préoccupent fort peu des explications scientifiques; ils font mieux que comprendre l'existence des capacités esthétiques de l'ouïe, ils les *sentent,* ils en ont le *senti-*

[1] Ceux qui, même avec mes indications, voudront faire produire la voix à leur appareil bon, mauvais ou médiocre, pourront apprécier, par les difficultés qu'ils rencontreront, combien de temps il m'a fallu pour distinguer la fonction esthétique de la fonction vulgaire; égaré, influencé par les travaux importants, sérieux des physiologistes, les préjugés sur la voix, les méthodes sur la voix donnant une singulière idée de la respiration du chanteur.

ment, et le prouvent par leurs œuvres. S'agit-il de la voix? les grands chanteurs font mieux que comprendre la fonction de l'appareil vocal, ils en ont le sentiment.

— Quant aux savants, je veux dire les hommes instruits, dont les capacités esthétiques de l'ouïe ne sont ni largement développées, ni exercées, ceux-là comprennent les explications; mais ils ne sentent pas suffisamment les capacités esthétiques de l'ouïe, pour les observer facilement en eux; la nouvelle science les découragera, à quoi bon tant de peine : l'art, c'est l'art.

De sorte que, par trop de lumière (capacités esthétiques de l'ouïe trop développées) ou par défaut de lumière (capacités esthétiques de l'ouïe insuffisamment développées), la nouvelle science, en admettant, bien entendu, ses principes établis sur des bases irréprochables, la nouvelle science aura un double obstacle à vaincre, dérivant de la nature même de la science, laquelle reposant sur ce que l'ouïe perçoit dans le son musical, c'est-à-dire sur les capacités esthétiques de l'ouïe, implique, pour être comprise et acceptée (1), le

(1) Je dis pour être comprise et acceptée. Est-ce à dire que pour devenir musicien il suffira de comprendre? non, évidemment; la science nouvelle ne fait que constater en nous, à l'état de germe, les capacités esthétiques de l'ouïe, qui, développées et exercées, ont créé tous les sytèmes de musique. Conséquemment, pour devenir musicien, je veux dire pour être apte à manifester ses capacités esthétiques comme com-

développement parallèle, et en équation, de *connaître* et de *sentir*, la connaissance ici reposant sur la sensation. A cette condition seulement, il y a accord entre connaître et sentir en musique, ainsi que nous allons l'expliquer.

§ 3. — Connaître et sentir en musique; à quelle condition il y a accord entre ces deux aspects de l'intelligence.

Connaître et sentir sont deux aspects de l'intelligence qui se complètent; la science et l'art (ici acoustique et musique), *manifestant* ces deux

positeur ou exécutant, il n'y a qu'à développer, exercer suffisamment ces capacités. Il ne suffit pas de comprendre, c'est sentir qu'il faut.

De même pour être apte à ausculter la voix au point de vue du beau, il ne suffira pas de comprendre et d'accepter les bases que nous avons découvertes, c'est-à-dire de comprendre que la double fonction d'aspiration et d'émission de voix doit être réduite à une seule fonction, pour que l'appareil vocal produise la voix chantée, la voix correspondant à l'art.

De même pour faire fonctionner l'appareil vocal, bon ou mauvais, il ne suffira pas de comprendre la fonction au point de vue du beau, il faudra *sentir* la fonction de l'appareil vocal.

— En résumé, pour comprendre et accepter la science nouvelle, le développement parallèle de connaître et de sentir est indispensable, puisque, je ne saurais trop le redire, connaître repose sur sentir.

— Mais pour manifester cette science comme musicien (exécutant ou compositeur), comme chanteur, ou même pour ausculter la voix, le développement parallèle de connaître et sentir ne suffira pas; il faudra exercer les capacités esthétiques de l'ouïe suffisamment pour être apte à les manifester.

aspects de l'intelligence, nous permettent de constater à quelles conditions il y a accord entre connaître et sentir en musique.

Sentir. Il ne s'agit ici ni de la sensation commune à l'animal et à l'homme, ni de la sensation correspondant à l'*entendement;* il s'agit de la sensation spéciale produite par le son musical, sensation correspondant à l'art, puisque la musique n'emploie que le son musical. *Sentir,* ici, ce n'est ni comprendre, ni connaître, c'est sentir les rapports des sons, c'est-à-dire ce qu'il y a d'invariable, de nécessaire dans les sons (l'acuité absolue des sons varie à l'infini; ce qui est invariable, c'est le rapport des sons). Capacité esthétique de l'ouïe de sentir le rapport, la relation des sons, qui se constate par des nombres; capacité existant en germe chez tous les hommes, et dont nous faisons usage sans nous en douter; différemment, la musique n'aurait pas de raison d'être.

— La sensation est un fait premier, par conséquent inexplicable; les physiologistes et les psychologistes expliquent les phénomènes qui précèdent et suivent la sensation, mais la sensation est un mystère impénétrable à la science humaine. La sensation, une fois admise comme fait premier inexplicable, la sensation musicale produite, je l'ai dit, par un son spécial, le son musical faisant un nombre de vibrations dans la seconde, lesquelles, produisant une série d'impressions identiques dans la seconde, permettent au sens de l'ouïe : 1° de percevoir le rapport des sons; 2° de sentir leur convenance et disconvenance, suivant qu'ils font plus ou moins de vibrations dans le même temps. Sensation intelligente par elle-même, par sa nature, c'est une capacité; le son musical permet, en quelque sorte, au sens de l'ouïe, de prouver, de mettre en toute évidence ses capacités esthétiques, de les constater par des nombres sous nos yeux; la roue dentée de Savart matérialise pour ainsi dire la sensation musicale.

— CONNAÎTRE scientifiquement, c'est découvrir ce qu'il y a d'invariable, de nécessaire dans les choses; ici, c'est découvrir ce qu'il y a de nécessaire, d'invariable dans la sensation esthétique; et ce qu'il y a d'invariable au point de vue de l'art (1), c'est le rapport des sons (V. chapitre B, ce que l'ouïe perçoit d'invariable dans le son musical). Cette capacité de l'ouïe est-elle suffisamment développée et exercée par le travail? D'après la tonalité d'un système établi, soit le système moderne, cette capacité se transforme en sentiment de la tonalité du système. A ce moment, vous êtes apte à la manifester avec plus ou moins de génie, en créant des œuvres musicales (2) ou en les exécutant; mais

(1) Dans un autre travail, nous nous occuperons de ce qu'il y a d'invariable au point de vue du beau.

(2) L'œuvre crée; que peut-on connaître, comprendre, expliquer dans l'œuvre? Rien, si on n'est pas musicien. Seulement,

c'est l'exception qui est dans ces conditions, bien que la capacité de sentir, d'être impressionné par le rapport des sons soit universelle.

— Connaître et sentir ici sont *identiques;* c'est la même chose comprise et sentie, l'explication reposant sur la sensation. A cette condition, il y a *accord* entre connaître et sentir. Ces deux manifestations de l'intelligence se complètent nécessairement; elles sont, je le répète, identiques. Connaître, c'est découvrir ce qu'il y a d'invariable dans la sensation; *sentir* ici, c'est avoir le sentiment de ce qu'il y a d'invariable dans la sensation (1).

Si l'explication ne repose pas sur la sensation, qu'arrive-t-il? Il n'y a pas *identité* entre connaître et sentir, ce n'est pas la même chose qui est comprise et sentie. Dans ces conditions, les deux aspects de l'intelligence, au lieu de se compléter, sont en lutte, désaccord, et le chaos scientifique en musique surgit fatalement de cette lutte, lutte qui existe depuis l'origine du monde; pourquoi? parce

la musique étant la manifestation des capacités esthétiques de l'ouïe, avec plus ou moins d'imagination, de génie, le savant peut comprendre que, pour être apte à manifester les capacités innées en lui avec plus ou moins de génie, il les faut nécessairement développer, exercer par le travail; tels sont les rapports nécessaires, invariables dérivant de la nature de l'homme.

(1) Avoir le sentiment de ce qu'il y a d'invariable dans le système moderne, c'est avoir le sentiment de la tonalité du système.

que, depuis l'origine du monde, le développement normal et en équation de connaître et sentir est l'exception dans l'humanité, tant la vie de l'homme est courte; lutte dont les pythagoriciens et les aristoxéniens nous offrent un exemple dans le passé : ceux-là voulant qu'on n'employât, pour établir les fondements de la musique, que le raisonnement et le pur calcul; ceux-ci soutenant, au contraire, que l'on devait s'en remettre uniquement au jugement de l'oreille.

Lutte sans issue possible, elle pourrait continuer jusqu'à la consommation des siècles, sans qu'il y eût la moindre chance de s'entendre; pourquoi? Parce que, des deux côtés, au lieu de chercher à quelles conditions il y a accord entre connaître et sentir, on emploie les ressources de l'intelligence à mettre en désaccord connaître et sentir; des deux côtés on méconnaît les rapports dérivant de la nature des choses. Les pythagoriciens ne s'aperçoivent pas que les nombres constatent les capacités esthétiques de l'ouïe, mais ne les créent pas; différemment, les grands mathématiciens seraient aussi de grands musiciens. Quant aux aristoxéniens, il est incontestable que c'est au jugement de l'oreille qu'il faut s'en remettre, pour établir les fondements de la musique; seulement, ce n'est pas d'après tel ou tel système qu'il faut établir les fondements de l'art, mais sur ce qui est antérieur et supérieur à tous les systèmes, je veux dire sur les capacités esthétiques de l'ouïe, les systèmes de musique n'étant que des manifestations plus ou moins satisfaisantes de ces capacités.

De nos jours, la lutte entre connaître et sentir en musique existe avec aggravation; on ne discute plus sérieusement, philosophiquement, comme les pythagoriciens et les aristoxéniens; on fait mieux : on supprime l'un des deux éléments de l'intelligence, c'est plus simple; on explique la musique sans tenir compte le moins du monde des capacités esthétiques de l'ouïe, créatrices de l'art (1). L'intel-

(1) En voici une preuve de fraîche date, que je trouve dans les *Curiosités scientifiques* de l'année 1868, p. 54; il s'agit des découvertes de M. Helmholtz, professeur éminent de l'Université de Heidelberg, dont M. Paul Rémusat rend compte : « On » peut considérer la musique comme composée de trois parties : » d'abord, l'acoustique proprement dite ou science des vibra- » tions, puis la théorie des consonnances, des intervalles, des » gammes, des accords (sans doute du système moderne), qui » est encore une science exacte; enfin, la combinaison de ces » notes et de ces accords pour exprimer le plaisir ou la dou- » leur, etc., etc. »

Et les capacités esthétiques de l'ouïe, *créatrices* de tous les systèmes de musique, qu'en faites-vous? C'est au fond l'histoire du civet de lièvre sans lièvre. La musique n'est pas le moins du monde l'application des trois sciences citées : c'est la manifestation des capacités esthétiques de l'ouïe; supprimez par la pensée les capacités esthétiques de l'ouïe, que ferez-vous avec les trois sciences ci-dessus? C'est en vérité par trop abuser des sciences exactes.

Admettons pour un moment que la musique soit réellement composée des trois sciences ci-dessus, toujours faudrait-il s'incarner, c'est-à-dire *sentir* ces sciences pour être apte à les manifester; pour être musicien, il ne suffirait pas de connaître,

ligence ou aptitude à connaître réalise le chaos scientifique le mieux réussi, ne correspondant nullement à la musique, ou plutôt au système moderne, qu'on prend pour la musique ou plastique de l'ouïe.

— Les savants n'ont pas vu que l'art et la science, manifestant la double intelligence de l'homme [1] : *connaître* et *sentir*, l'accord entre ces deux manifestations de l'intelligence n'est possible qu'à une condition : c'est que connaître repose sur sentir, que l'explication repose sur la sensation, en d'autres termes qu'il y ait *identité* entre connaître et sentir ; différemment, il y a désaccord nécessairement entre l'explication de la science et l'art, la science ne correspond pas à l'art.

Avec une notion incomplète de la sensation, il y a toujours désaccord, lutte entre connaître et sentir. Avec une notion complète de la sensation, l'accord est facile à comprendre, du moins on en comprend la possibilité, la *nécessité*, et c'est déjà

comprendre ces sciences, il faudrait les *sentir*, en avoir le sentiment, et comment y parvenir si ce n'est en exerçant, développant par le travail les capacités esthétiques de l'ouïe existant en germe.

C'est ici qu'on aperçoit bien la nécessité de l'*identité* entre connaître et sentir, pour qu'il y ait accord entre connaître et sentir en musique; l'explication ne reposant pas sur la sensation, il y a nécessairement lutte, désaccord entre la science qui explique et l'art qui sent et pratique.

[1] Ici l'art et la science, c'est l'acoustique et la musique.

un progrès réel que de comprendre à quelles conditions il y a accord entre connaître et sentir en musique.

La plus grande, on pourrait dire l'unique cause d'erreur de la science, dans ses rapports avec la musique, vient du désaccord entre connaître et sentir. Nous verrons, en nous occupant des éléments du beau en musique, que la plus grande, la principale erreur de la philosophie, dans ses rapports avec la morale et l'esthétique, dérive de la même cause, je veux dire du désaccord entre connaître et sentir; les systèmes de philosophie prétendant expliquer la morale et l'esthétique, sans tenir compte de la science innée en nous, correspondant au beau et au bien, absolument comme les théories physico-musicales prétendent expliquer la musique, sans tenir compte de la science innée en nous, correspondant à la musique.

FIN.

TABLE DES MATIÈRES.

MUSIQUE OU PLASTIQUE DE L'OUIE.

CONCLUSION.

Bordeaux.—Imp. G. Gounouilhou, rue Guiraude, 11.

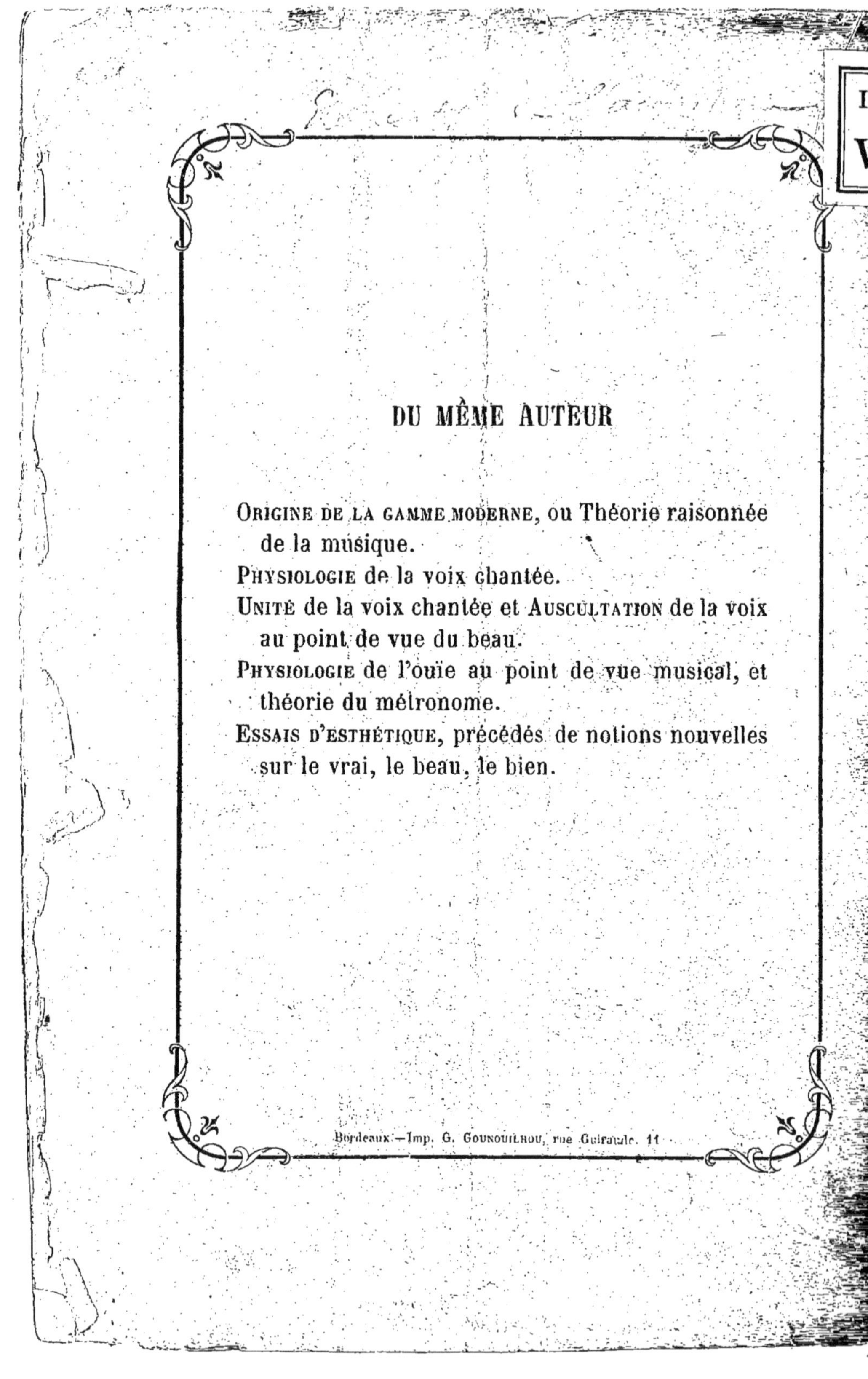

DU MÊME AUTEUR

Origine de la gamme moderne, ou Théorie raisonnée de la musique.

Physiologie de la voix chantée.

Unité de la voix chantée et Auscultation de la voix au point de vue du beau.

Physiologie de l'ouïe au point de vue musical, et théorie du métronome.

Essais d'esthétique, précédés de notions nouvelles sur le vrai, le beau, le bien.

Bordeaux. — Imp. G. Gounouilhou, rue Guiraude, 11

www.ingramcontent.com/pod-product-compliance
Ingram Content Group UK Ltd.
Pitfield, Milton Keynes, MK11 3LW, UK
UKHW020956230726
13923UKWH00007B/427

9 782019 971311